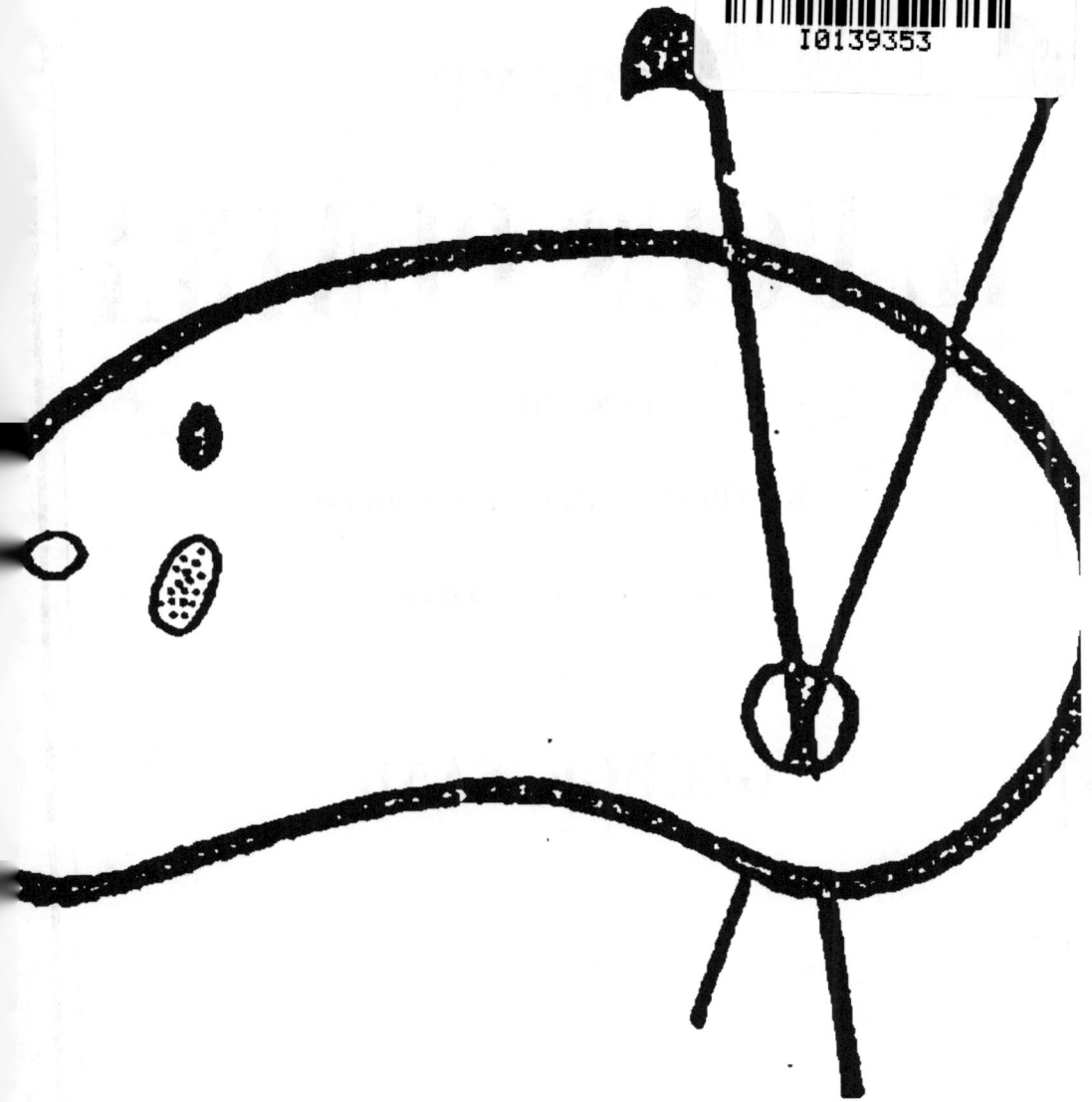

COUVERTURE SUPERIEURE ET INFERIEURE
EN COULEUR

COMME

IL VOUS PLAIRA

COMÉDIE

EN TROIS ACTES ET EN PROSE

Tirée de Shakspeare et arrangée

PAR

GEORGE SAND

PARIS
LIBRAIRIE NOUVELLE
BOULEVARD DES ITALIENS, 15, EN FACE DE LA MAISON DORÉE

1856

MAITRE FAVILLA

DRAME EN TROIS ACTES

PAR GEORGE SAND

Un volume grand in-18. — Prix : 1 fr. 50.

LUCIE

COMÉDIE EN UN ACTE ET EN PROSE

PAR GEORGE SAND

Un volume grand in-18. — Prix : 1 franc.

FRANÇOISE

COMÉDIE EN QUATRE ACTES ET EN PROSE

PAR GEORGE SAND

Un volume grand in-18. — Prix : 2 fr.

L'ÉCOLE DES JOURNALISTES

COMÉDIE EN CINQ ACTES ET EN VERS

PAR MADAME ÉMILE DE GIRARDIN

Un volume grand in-18. — Prix : 1 fr.

JUDITH

TRAGÉDIE EN TROIS ACTES

PAR MADAME ÉMILE DE GIRARDIN

Un volume grand in-18. — Prix : 1 fr.

L'AMANT AUX BOUQUETS

VAUDEVILLE EN UN ACTE

PAR LOUIS LURINE ET RAYMOND DESLANDES

Prix : 50 cent.

PEINTRES ET BOURGEOIS

COMÉDIE EN TROIS ACTES ET EN VERS

PAR HENRY MONIER ET JULES RENOULT

Un volume grand in-18.— Prix : 1 fr. 50.

Paris. — IMP. DE LA LIBRAIRIE NOUVELLE. — A. Delcambre, 15, rue Breda.

AS YOU LIKE IT

—

COMME IL VOUS PLAIRA

Paris. — IMP. DE LA LIBRAIRIE NOUVELLE. — A. Delcambie, 15, rue Breda.

COMME
IL VOUS PLAIRA

COMÉDIE

EN TROIS ACTES ET EN PROSE

Tirée de Shakspeare et arrangée

PAR

GEORGE SAND

REPRÉSENTÉE POUR LA PREMIÈRE FOIS A LA COMÉDIE-FRANÇAISE
LE 12 AVRIL 1856

———

PARIS
LIBRAIRIE NOUVELLE
BOULEVARD DES ITALIENS, 15, EN FACE DE LA MAISON DORÉE
La traduction et la reproduction sont réservées.
—
1856

A MONSIEUR REGNIER

DE LA COMÉDIE-FRANÇAISE.

« Paris, 10 avril 1856.

» Excellent et cher ami, au moment où vous allez terminer le travail d'étude et de mise en scène de cet essai dramatique, je veux vous remercier de tant d'intelligence, de conscience et de cœur mis par vous au service de l'art que vous aimez et de l'auteur qui vous aime.

» Et puis, je veux causer avec vous de cet essai, que j'ai cru devoir tenter par amour pour le plus grand des écrivains dramatiques. Ceci pourra servir de préface à la publication de mon travail, et résumer plusieurs des réflexions qui se sont présentées à mon esprit comme au vôtre sur la nature de cette tentative.

» Il y a longtemps qu'elle me préoccupe et que je retarde

1.

de m'y livrer, espérant toujours que de plus habiles et de plus puissants que moi songeront à s'en charger. J'eusse voulu voir ouvrir, avec des mains plus fortes que les miennes, cette porte fermée depuis plus de deux cent cinquante ans entre notre public et une grande partie des œuvres de Shakspeare. Plusieurs eussent pu le faire, j'ignore pourquoi ils l'ont dédaigné.

» L'œuvre de Shakspeare peut se diviser, disions-nous, en trois genres ou séries. Les pièces tragiques, les pièces bouffonnes et celles qui tiennent de l'un et de l'autre genre, qu'il intitulait simplement comédies et que j'appellerai la série de ses drames romanesques.

» C'est cette dernière série qui est la moins vulgarisée chez nous; quoique souvent pillée, elle n'a jamais été considérée comme scénique, apparemment; mais comment le savoir avant de l'avoir essayée à la scène?

» Est-ce donc un pillage de plus que je vais commettre? J'espère que non, car j'aime encore mieux attacher à la robe du poëte quelques ornements peu dignes de sa splendeur, que de faire servir les pierreries dont lui-même l'avait ornée à parer mon propre ouvrage. Je ne regrette qu'une chose, c'est de ne pouvoir montrer cette robe tout entière aux yeux de notre public français moderne. Tous ceux qui, comme vous, connaissent Shakspeare, savent bien que si elle est partout richement brodée, elle est parfois jetée sur l'épaule du dieu avec une négligence ou une audace qui ne sont plus de notre temps, et que notre goût ne supporterait pas.

» Chaque siècle a imposé des règles à la forme des ouvrages dramatiques. Ces règles-là ne sont rien de plus que des modes, puisqu'elles ont toujours changé et changeront toujours. Lorsqu'elles sont vieilles, on les rejette comme des entraves méprisables, mais c'est pour en établir d'autres qui font leur temps. Chaque époque s'imagine avoir trouvé les meilleures possibles, et s'y obstine le plus longtemps possible. Le vrai progrès de notre siècle en ce genre a été le romantisme, qui, à l'exemple de Shakspeare, s'étant affranchi de toute règle absolue, a cherché l'émotion dans tous les sujets et sous toutes les formes. Mais le romantisme a déjà passé fleur, et le goût de Shakspeare s'est émoussé trop vite chez nous. Ce n'est certes pas la faute de certaines traductions vraiment admirables (l'*Othello* de M. de Vigny, l'*Hamlet* de MM. Alexandre Dumas et Paul Meurice, et quelques autres essais très-louables qui ont suivi ou précédé). C'est la faute d'un progrès réel qui s'est fait dans l'art dramatique, et qui consiste principalement dans l'habileté du plan; il est certain que le moindre vaudeville de nos jours est mieux fait, sous ce rapport, que les plus admirables drames des maîtres du temps passé.

» Mais les progrès, en notre monde, ne sont jamais que relatifs. Lorsque Shakspeare s'abandonnait à l'élan fougueux ou aux délicieux caprices de son inspiration, il foulait aux pieds, avec les règles de la composition, de certains besoins bien légitimes de l'esprit : l'ordre, la sobriété, l'harmonie et la logique. Il était Shakspeare, donc il faisait bien, si ces écarts étaient nécessaires à l'élan du plus vaste et du plus vigoureux génie qui ait jamais embrasé le théâtre.

» Aujourd'hui, les faiseurs habiles risquent de tomber dans l'excès de leur manière, qui serait d'habituer le public à un adroit échafaudage de situations trop pressées, sans ces points d'arrêt nécessaires à la réflexion, sans ces sacrifices de son impatience qu'il serait bon de lui demander quelquefois, pour l'amener à juger les caractères et à se pénétrer de la cause et du but de leur action dans la pièce, en un mot, du vrai sens de la pièce qu'on lui sert. Devant ce public blasé, distrait, et véritablement gâté par l'abondance des incidents dont on l'accable, la condescendance des écrivains dramatiques peut risquer de devenir servile, et tout ce qui est servile est coupable.

» Voilà, je crois, le péril de la situation, et je l'ai déjà plus d'une fois signalé ; quelques-uns le sentent bien, et joignant la sagesse à l'habileté, triomphent de la frivolité et de l'irréflexion de la foule.

» Je ne me range pas parmi ces derniers, vous le savez, mon ami. Je ne suis habile ni dans mes écrits ni dans mes actions, ce qui ne m'empêche pas de croire que je peux tenir utilement et modestement ma place sans qu'aucune lutte m'effraye ou me décourage. Je trouve que notre théâtre moderne manque, la plupart du temps, de conscience, et que sa soif ardente de succès à tout prix est quelque chose qui le fait descendre de sa dignité dans les mœurs publiques. C'est donc fort peu de moi qu'il s'agit ici : c'est de l'art et de sa mission parmi nous.

» Je résume ce qui précède en disant, avec vous, n'est-ce pas, que les règles sont bonnes, pourvu qu'elles soient élastiques et puissent s'assouplir à l'individualité de chaque talent ; et que quand elles deviennent une mode ardente, absolue, exigible de la part d'un public enfiévré, elles deviennent des formes qui emportent le fond. C'est ainsi qu'à la fin de chacun de nos engouements successifs pour une manière, les arts qui devraient être des enseignements, s'efforcent de n'être plus que des amusements, et arrivent à n'être plus ni l'un ni l'autre. Quand ces désastres sont proches, ne faut-il pas secouer quelquefois de son âme les préoccupations du présent, revenir aux maîtres et retremper sa foi dans ces grands fleuves qui coulent en silence dans la nuit du passé, dans ces mines inépuisables dont l'or, respectueusement lavé, peut encore servir de critérium et de titre à la monnaie courante ?

» Si l'on venait nous dire, cher ami, que nous sommes des pédants de notre art, et que nous prenons trop au sérieux le frivole *divertissement* du théâtre, voici ce que nous aurions peut-être à répondre :

» Regardez, à l'heure où le jour baisse, le mouvement qui se fait dans tous les grands centres de population. La journée de travail est finie pour les uns ; la journée d'oisiveté est finie pour les autres. Tous achèvent leur repas somptueux ou modeste, et chaque soir, dans une ville comme Paris, une moyenne de vingt-cinq à trente mille personnes, si je ne me trompe, s'achemine vers les vingt-cinq ou trente théâtres qui s'apprêtent à les occuper ou à les distraire pendant quatre ou cinq heures. Il en a été ainsi la veille, il en sera de même le lendemain. Peu à peu, la majeure partie de la population intelligente, qu'elle paye ou entre par faveur, vient prendre place sur ces fauteuils ou sur ces banquettes, devant ce rideau qui va se lever entre des êtres distraits de leur vie réelle et des êtres consacrés à représenter les scènes d'une vie fictive. C'est le tiers de la journée qui va s'immobiliser, s'oublier, s'anéantir devant une action scénique quelconque, c'est-à-dire devant un rêve.

» Dans les provinces, toute proportion gardée, le même mouvement s'accomplit ; partout où il y a une ville, il y a un théâtre tel quel, où le rêve va se reproduire et accaparer

chaque jour certaines heures de l'existence d'un certain nombre
de personnes graves ou frivoles. Quittez la civilisation, allez,
par delà les déserts, étudier les mœurs des peuplades sauvages :
un jour de fête, vous les verrez tout à coup revêtir des ornements étranges, des parures inusitées, et, à la clarté des tor-
ches ou sous le reflet de la lune, exécuter, sur des chants
consacrés ou improvisés, des danses mimées qui sont des sym-
boles, des drames, des spectacles.

» Et il en est ainsi sur toute l'échelle qui part de la vie pri-
mitive pour aboutir à la civilisation la plus raffinée. Depuis
que le monde existe en sociétés, si petites ou si grandes qu'elles
soient, tous les temps, tous les pays ont fait entrer dans les né-
cessités de la vie l'assouvissement de la faim intellectuelle immédiatement après celui de la faim matérielle. *Panem et cir-
censes* est la devise de l'humanité.

» Ceci paraîtrait étrange à un habitant de quelque autre pla-
nète plus sage ou plus heureuse, qui, tout à coup jeté parmi
nous, se poserait la question suivante : Chez nous, l'existence
est remplie du plaisir ou du bonheur d'exister ; la vie suffit
tout au plus à l'accomplissement des excellents et agréables
devoirs que nous avons à remplir. D'où vient que ces gens-ci,
qui crient bien haut contre la brièveté de leurs jours et la
dureté de leur tâche, perdent ainsi tant d'heures et dépen-
sent tant d'attention devant une vaine représentation des diverses combinaisons de leur destinée en ce monde, combinaisons plus ou moins possibles, mais qui ne se rencontreront
jamais exactement ni dans leur vie ni dans celle des acteurs
qui les représentent ? Quel est donc ce besoin de déposer le fardeau de sa propre pensée pour suivre la pensée d'une fiction

quelconque dans les mouvements de ces personnages dont tout l'art consiste à paraître agir dans la réalité ?

» Oui, certes, voilà un problème insoluble pour un être froidement raisonnable qui n'aurait jamais vécu parmi nous. Et que pourrions-nous lui répondre, sinon que notre existence est dure ici-bas, et que nous n'y pouvons jamais être assez contents de nous ni des autres pour ne pas désirer de rêver tout éveillés ?

» Nous ne pourrons jamais nous soustraire à cette soif de la fiction, à moins que notre monde ne se transforme en une sorte de Paradis où l'idéal d'une vie meilleure ne sera plus admissible, et, *en attendant,* nous aspirerons toujours à sortir de nous-mêmes de temps en temps ; toujours notre imagination sublime ou grossière fera ses délices ou son ivresse de ce breuvage divin ou vulgaire que l'on appelle le théâtre.

« Tout poëme, tout roman, toute chanson répondent à ce besoin de l'âme humaine; mais le théâtre qui fut inventé pour résumer les manifestations de tous les arts sous toutes les formes, et qui a le privilége de rassembler des masses appelées à partager les mêmes émotions, est l'expression la plus complète et la plus saisissante du rêve de la vie, si essentiel apparemment à l'équilibre de la vie réelle.

» Voilà pourquoi, mon cher Régnier, votre profession et la mienne sont sérieuses pour nous, quelque légères qu'elles paraissent. Du moment que nous regarderons le théâtre comme un enseignement dont les esprits élevés doivent profiter, en s'amusant sainement à des situations vraies ou en partageant des émotions généreuses, rien ne sera ni trop beau ni trop bon pour ce sanctuaire de l'idéal, et c'est avec douleur que nous le voyons profané à chaque instant par les mauvaises ou les folles passions qui s'agitent en deçà ou au delà de la rampe.

» Notre rêve à nous serait de voir apparaître sur cette scène où nous sentons douloureusement la faiblesse des efforts isolés, des héros de cent coudées ou des divinités charmantes, parlant une langue sublime ou chantant une musique céleste, des poëtes égaux à tous ceux dont l'humanité garde religieusement la mémoire, des artistes de premier ordre, des décors enchanteurs, des harmonies enivrantes, et tout cela sans tache, sans défaillance, sans ombre, en face d'un public d'élite, au sein d'une société qui verserait et recevrait la lumière, et dont il serait doux d'être tour à tour le reflet et le modèle.

» Mais laissons le rêve irréalisable, et disons-nous que, où l'on soit, il faut faire tout ce que l'on peut. C'est toujours une grande consolation que de sentir cette volonté inébranlable au dedans de soi. Et quand on se place sincèrement à ce point de vue, on se sent très-solidement assis. Les impatiences, les dégoûts et les déboires attachés à tout travail humain passent sans laisser de traces. Rien ne ramène le calme comme la bonne foi dans la modestie, et il est facile d'être courageux quand on sait immoler avec plaisir sa personnalité à une tâche plus chère que soi-même.

» C'est en voyant le théâtre tomber parfois dans l'estime publique au niveau d'un amusement vulgaire, que l'on sent le désir d'y ramener le souvenir des grands écrivains, et d'y faire revivre celles de leurs pensées qui n'ont jamais reçu chez nous le droit de cité qu'elles devraient avoir dans le monde entier de la civilisation. Shakspeare n'était sans doute pas plus austère que son siècle. A cette époque, où son théâtre résumait tous les genres divisés et attribués, chez nous, à divers théâtres en raison des divers goûts du public, le maître immortel, passant du drame sanguinaire le plus atroce au burlesque le plus échevelé, subissait dans son œuvre le reflet des passions violentes et des goûts cyniques de ses contemporains. Il a marché sur la fange des carrefours avec autant de verve et d'audace qu'il a plané dans les cieux avec splendeur et majesté. Mais s'il n'a pas été plus pur et plus doux, dans toutes ses inventions, que le temps dont il était la plus haute expression littéraire, il a été plus grand et meilleur que son siècle tout entier, dans les parties saines de son inspiration. Par un contraste étrange et qui semble incompréhensible, il a mis la grâce et la chasteté les plus divines à côté du plus effrayant cynisme, la douceur des anges auprès des fureurs du tigre, et la plus pénétrante douleur en face des intraduisibles *concetti* d'une audacieuse licence.

» Il n'y a donc pas moyen de traduire littéralement Shakspeare pour le théâtre, et si jamais il a été permis de résumer, d'extraire et d'expurger, c'est à l'égard de ce génie sauvage qui ne connaît pas de frein.

» C'est un meurtre à coup sûr que de s'y résoudre, car, en face du texte, il est facile de reconnaître que ce n'est jamais son génie qui défaille, même dans les endroits où notre goût et notre délicatesse modernes sont le plus blessés. Quand il fait parler des êtres immondes dont on ne saurait même nommer la profession, c'est avec une énergie et une couleur de vérité telles que l'on frissonne comme si on les entendait; mais ce meurtre, il faut le commettre ou laisser le livre aux érudits indulgents.

» C'est sur le plus doux de ses drames romanesques que j'ai

osé mettre la main. Il y avait là, je ne dirai pas peu de propos
trop vifs à supprimer, du moins pas de situations trop violentes ; mais le désordre de la composition, ou pour mieux dire
l'absence à peu près totale de plan, autorisait pleinement un
arrangement quelconque. Après un premier acte plein de mouvement, après l'exposition d'un sujet naïvement intéressant,
où des caractères pleins de vie, de grâce, de scélératesse ou de
profondeur sont tracés de main de maître, le roman entre en
pleine idylle, tombe en pleine fantaisie et se fond en molles
rêveries, en chansons capricieuses, en aventures presque féeri-
ques, en causeries sentimentales, moqueuses ou burlesques,
en taquineries d'amour, en défis lyriques, jusqu'à ce qu'il
plaise à Rosalinde d'aller embrasser son père, à Roland de la
reconnaître sous son déguisement, à Olivier de s'endormir
sous un palmier de cette forêt fantastique où un lion, oui, un
vrai lion égaré dans les Ardennes, vient pour le dévorer ; et,
enfin, au dieu Hyménée en personne, de sortir du tronc d'un
arbre pour marier tout le monde, et quelques-uns le plus mal
possible : la douce Audrey avec le grivois Touchstone, et la
dévouée Célia avec le détestable Olivier.

» Il a plu à Shakspeare de procéder ainsi, et bien certainement, pour les esprits sérieux comme pour les enthousiastes
sans restriction (eux seuls sont peut-être les juges équitables
d'un génie de cette taille), l'arrangement que je me permets
n'est qu'un inutile *dérangement*. Je ne me fais pas d'illusion
sur le peu de valeur de tout replâtrage de ce genre, et j'aurais
souhaité de n'être pas obligée de m'en servir. Mais, ne pou-
vant rendre par la traduction mot à mot, qui ne donne pas dans
notre langue moderne la vraie couleur du maître, les beautés
de cette ravissante et traînante vision, j'ai dû, je crois, rendre

au moins le petit poëme qui la traverse accessible à la *raison*, cette raison française dont nous sommes si vains et qui nous prive de tant d'originalités non moins précieuses. Quoi qu'il en soit, j'ai pu sauver les plus belles parties de l'œuvre d'un oubli complet, et saisir au vol cette magistrale figure de Jacques, si sobrement esquissée, cet Alceste de la renaissance, qui est venu murmurer quelques douloureuses paroles à l'oreille de Shakspeare avant de venir révéler toute sa souffrance à l'oreille de Molière. J'avais tendrement aimé ce Jacques, moins vivant et plus poétique que notre misanthrope. J'ai pris la liberté grande de le ramener à l'amour, m'imaginant voir en lui le même personnage qui a fui *Célimène* pour vivre au fond des forêts, et qui trouve là une *Célie* digne de guérir sa blessure. C'est là mon roman, à moi, dans le roman de Shakspeare, et, en tant que roman, il n'est pas plus invraisemblable que la conversion subite du traître Olivier. Mais qu'on le blâme si l'on veut : j'en fais bien bon marché. Si, quant au reste, j'ai pu donner une idée de cette naïve pastorale mêlée de philosophie, de gaieté, de poésie, d'héroïsme et d'amour, j'aurai rempli mon but qui était de prouver ce que je vous ai dit au commencement de cette lettre : à savoir, que travailler exclusivement à surprendre et à enchaîner le public par une grande habileté de plan, ne remplit pas tout le but du théâtre, et que, sans tous ces moyens acquis à la science nouvelle, on peut charmer le cœur et l'imagination par la beauté simple et tranquille, si le cœur et l'imagination ne sont pas lettre morte au temps où nous vivons.

» Peu importe le succès de mon intervention dans cette tentative. Quant à lui, le poëte divin, je ne m'inquiète pas du résultat. Il sera toujours bon, dans un certain nombre d'esprits

amoureux de candeur et de poésie. J'aurai donné à ceux-ci, j'en
suis sûre, l'envie de connaître ou d'approfondir certains chefs-
d'œuvre qui sont encore ensevelis sous le suaire glacé de la
traduction littérale, et de s'initier, par eux-mêmes, à cette con-
templation shakspearienne, bercée par les brises murmurantes,
par le gazouillement de ruisseaux qui parlent en vers, par les
sons des cors et des luths errants dans la forêt, par les étranges
senteurs de ces bois peuplés de daims tachetés et de bergères
en robes de soie. C'est au texte que je les renvoie, ceux qui
goûteront un peu le pâle reflet de l'œuvre dans mon imitation!
Fallait-il laisser le miroir magique aux mains de quelques
adeptes silencieux et ravis, et traiter le public d'aujourd'hui
comme un troupeau barbare, indigne d'être initié, du moins
en partie, à cette tentative d'acclimatation?

» Ces essais-là ne sont pas définitifs, me direz-vous. Je le
sais bien, mon ami; mais le sort des grands maîtres est d'être
traduits d'âge en âge, et chaque fois appropriés plus ou moins
au goût et à la mode du temps, qui veut se les assimiler par
les organes qui lui servent, et non par ceux qu'il n'a plus. Par
conséquent, les traductions libres, et même un peu les traductions soi-disant littérales sont une suite d'altérations et d'arran-
gements. C'est à ce prix que Shakspeare a été connu en partie
et sera connu entièrement chez nous. Richard, Shylock,
Falstaff et quelques autres de ses personnages ont pénétré sur
notre scène à travers des transformations que l'on a reconnues
nécessaires et qui ont été trouvées heureuses.

» Cette nécessité de mettre quelques vêtements d'emprunt
sur le colosse n'est donc ni une profanation ni un outrage;
c'est plutôt un hommage rendu à l'impossibilité de le vêtir

à la française avec des habits assez grands et assez pompeux pour lui.

» Et il sera fait bien d'autres traductions de *Comme il vous plaira*. La mienne n'aura d'autre mérite que celui d'avoir été *osée* la première.

» *Oser!* le mot paraît étrange, quand il s'agit de mettre une page de Shakspeare à la scène. Il est pourtant certain qu'il faut faire en ceci acte de foi et de dévouement. Le temps n'est guère à la poésie, et le lyrisme ne nous transporte plus par lui-même au-dessus de ces régions de la réalité dont nous voulons que les arts soient désormais la peinture. Si, à cette heure, la Ristori réveille notre enthousiasme, c'est qu'elle est miraculeusement belle, puissante et inspirée. Il ne fallait pas moins que l'apparition d'une muse descendue de l'Hymète pour nous arracher à nos goûts matérialistes. Elle nous fascine et nous emporte avec elle dans son rêve sacré; mais, quant à l'hymne qu'elle nous chante, nous l'écoutons fort mal, et nous nous soucions aussi peu d'Alfieri que de Corneille; c'est-à-dire que nous ne nous en soucions pas du tout, puisque, notre muse Rachel absente, la tragédie française est morte jusqu'à nouvel ordre.

» Les grands succès du théâtre tendent donc à s'attacher exlusivement chez nous à ce que l'on appelle les pièces d'actualité. J'avoue que, tout le premier, en tant que spectateur, je m'y plais mieux, quand elles sont bonnes, qu'à l'audition des grands alexandrins débités par des interprètes insuffisants. Je sens, comme tout le monde, que ces choses monumentales ne peuvent être portées que par des colosses d'intelligence et des types de beauté surhumaine. Les grands talents ne peuvent abonder qu'à la condition de remplir une tâche proportionnée

aux forces de la génération présente. Ils se meuvent à l'aise
dans le monde de la réalité ; celui des temps héroïques réclame
des aptitudes exceptionnelles.

» Faut-il donc regarder le perfectionnement de la pièce d'actualité comme le salut du théâtre? Oui, s'il ne tue pas absolument le sentiment et le besoin du lyrisme, l'excès de la
vraisemblance étant de ramener les idées et le langage à la vul-
garité. Le lyrisme est l'expression de l'idéal comme l'actualité
est celle du bon sens. Ces deux forces de l'âme, enthousiasme
et raison, sont solidaires l'une de l'autre ; toutes deux doivent
périr si toutes deux ne peuvent vivre simultanément en bonne
intelligence.

» Shakspeare est précisément l'accord de ces deux puissances. Il les a portées en lui à dose égale dans la plupart de
ses ouvrages, et, même, dans ceux qui semblent appartenir au
domaine de la fantaisie, elles voltigent encore comme ces
flammes jumelles qui poursuivent le navire battu par l'orage.
Il a le sentiment comique autant que le sentiment sublime, et
nul plus que lui ne peint la réalité des passions humaines
servant de cadre à l'éternelle vérité des idées supérieures.
C'est un mélange de naïveté, de grandeur, de recherche et de
bonhomie qui fait résonner toutes les cordes de la vie, et qui
répond à tous les besoins de l'âme : raisonnement, imagination, rêverie et volonté.

» Que, sur d'autres scènes, d'autres artistes, d'autres croyants
nous secondent, comme quelques-uns nous ont déjà encouragés
par leur exemple ; et, grâce au divin Shakspeare, le goût du
temps rentrera peut-être dans l'équilibre nécessaire au salut
de l'art.

» Quant à nous, mon cher Régnier, il n'y a pas à regretter de nous être donné un peu de peine pour arriver à planter les arbres de la forêt enchantée des Ardennes sur les planches classiques du Théâtre-Français, si nous avons réussi à faire passer là un souffle de poésie exhumé tant bien que mal par votre ami, l'auteur reconnaissant,

» GEORGE SAND. »

« 18 avril 1856.

» Au moment où cette pièce va être imprimée, j'adresse de sincères remerciements aux artistes qui s'en sont faits les interprètes avec talent, conscience et sympathie. »

PERSONNAGES

FRÉDÉRIC, duc usurpateur.	MM. Fonta.
LE DUC, son frère, exilé	Maubant.
JACQUES,	Rouvière.
AMIENS, } amis du duc exilé. }	Mirecour.
OLIVIER DES BOIS	Talbot.
ROLAND, son frère.	Delaunay.
ADAM, serviteur d'Olivier.	Anselme.
PIERRE TOUCHARD, dit PIERRE DE TOUCHE, bouffon.	Monrose.
GUILLAUME, paysan	Saint-Germain.
CHARLES, lutteur de Frédéric	Jouanni.
UN CHANTEUR.	Bache.
DEUX SEIGNEURS. . . }	Montet.
}	Tronchet.
VALET.	Masquillier.
CÉLIA, fille de Frédéric	Mmes Arnould-Plessy.
ROSALINDE, fille du Duc exilé.	Favart.
AUDREY, jeune paysanne	Émilie Dubois.

Seigneurs et Dames de la cour de Frédéric.
Seigneurs et Serviteurs du Duc exilé.

———

La scène est au premier acte, à la résidence de Frédéric ;
au deuxième, dans la forêt des Ardennes ;
au troisième, dans une autre partie de la forêt.

———

Nota : Toutes les indications de gauche et de droite sont prises du public.

COMME IL VOUS PLAIRA

ACTE PREMIER

Une pelouse devant le palais ducal. Bancs et palissades. Étendards et banderoles. Des valets vont et viennent dans le fond. Sur le côté droit, une riche estrade avec le siége ducal et le dais, et dont les degrés font face au public; à gauche, en avant, un banc en travers.

SCÈNE PREMIÈRE.

ADAM, ROLAND.

ROLAND, entrant le premier, par le premier plan, à gauche.

Oui, oui, mon cher Adam, je veux voir! Je veux voir les jeux de la cour, les dames et les seigneurs de la cour; je veux voir le souverain, ce redoutable Frédéric...

ADAM.

Y songez-vous, sire Roland? vous, le fils d'un seigneur attaché...

ROLAND.

Mon brave père est mort dans l'exil, mais son digne maître, le vieux duc vit encore.

ADAM.

Bien loin d'ici, bien pauvre, bien oublié...

ROLAND.

Oublié, lui?... Non! (Il passe à gauche.)

ADAM, regardant au fond, à droite.

Parlez plus bas, de grâce! A quoi bon braver la colère des puissants...

ROLAND.

Je ne veux rien braver; je veux voir, te dis-je! Voir, c'est vivre, et je n'ai pas encore vécu, moi! Mon cruel frère... Ah! est-il digne d'appartenir à la bonne cause, celui qui, à l'exemple du souverain ennemi de notre famille, exerce dans sa propre maison une méchanceté si grande! Chaque jour, je l'entends maudire l'oppresseur qui a dépossédé et banni son propre frère, et pourtant que fait-il lui-même, et comment suis-je traité par lui! (Il repasse à droite.)

ADAM, regardant au fond, à gauche.

Plus bas, plus bas, mon cher enfant! Il pourrait être par ici, vous voir et vous entendre...

ROLAND.

Soit; mais promets-moi de me montrer la fille du duc exilé, la belle Rosalinde. On dit qu'elle sert d'otage... Crois-tu qu'elle paraisse aux divertissements de ce jour?

ADAM.

Elle y paraîtra sans doute, car elle ne quitte pas plus que son ombre la princesse Célia, fille du duc régnant, et il paraît qu'en dépit des querelles de famille, ces deux bonnes filles s'aiment tendrement à la vue de tout le monde.

ROLAND.

Je la verrai donc!... Je suis honteux d'être si mal vêtu! L'avarice de mon frère Olivier...

ADAM, regardant au fond, à gauche.

Messire Olivier... Il vient justement par ici! Ah! pour vous y avoir amené, je serai repris et maltraité, moi!

ROLAND, l'entraînant vers la droite.

Eh bien, éloigne-toi, mon ami! Je dirai que je suis venu seul. Vite, vite! avant qu'il ne te voie!...

ADAM, s'éloignant.

Je crains sa colère contre vous... Je ne me tiendrai pas loin. (Il sort par la droite, au premier plan.)

ROLAND, à part.

Oh, moi! je ne le crains pas, monsieur mon frère!

SCÈNE II.

ROLAND, assis sur les degrés de l'estrade, puis OLIVIER,
JACQUES et ADAM.

OLIVIER, venant par la gauche, derrière la barrière.

Eh bien! monsieur, que faites-vous ici?

ROLAND.

Ce que vous m'avez enseigné : rien!

OLIVIER.

Ne rien faire, c'est faire le mal.

ROLAND.

Oh! vous avez raison! Qui ne fait rien détruit quelque
chose, et l'oisiveté à laquelle vous me condamnez vous aide à
effacer en moi l'ouvrage de Dieu!

OLIVIER.

Monsieur, savez-vous où vous êtes?

ROLAND.

Oh, certainement! Je suis sur la pelouse du palais ducal, et
non plus dans vos écuries, où vous m'avez fait traiter beaucoup
moins bien que vos chevaux; car, non-seulement ils sont mieux
nourris que moi, mais encore ils ont des écuyers bien payés
qui les dressent aux allures du manége; tandis que moi, je
n'ai acquis sous votre tutelle que de la croissance, avantage que
vos troupeaux partagent avec moi. Vous m'avez fait manger
avec les derniers de vos valets, espérant étouffer la noblesse de
mes instincts... (Il se lève sur place.) Mais sachez que je porte en
moi la fierté de mon père, et que je la sens aujourd'hui se ré-
volter contre la servitude!

OLIVIER.

Fort bien! Savez-vous, monsieur, à qui vous parlez?

ROLAND, s'approchant d'Olivier.

Beaucoup mieux, monsieur, que vous ne savez qui je suis.
La coutume des nations vous accorde, par courtoisie, la supé-
riorité sur moi, parce que vous êtes le premier-né; mais, y

eût-il vingt frères entre nous, nous n'en sommes pas moins le même sang, et, en cherchant à me ravaler, vous vous dégradez vous-même !

OLIVIER, levant la main pour le frapper.

Comment donc, jeune drôle ?... (Jacques paraît au fond à gauche et regarde, appuyé sur la palissade.)

ROLAND, lui prenant les deux bras.

Allons, allons, mon frère aîné ! vous êtes trop jeune pour cela ! (Il arrache un fouet que tenait Olivier, et le jette.)

OLIVIER.

Tu portes la main sur moi, vilain ! Lâche-moi !

ROLAND, le poussant à gauche.

Je ne suis point un vilain, et, pour parler ainsi du fils d'un noble père, tu mériterais...

ADAM, accourant par le premier plan de droite.

Messieurs... messieurs... par respect pour sa mémoire !...

ROLAND.

Je le lâcherai quand je voudrai ; il faut qu'il m'entende ; car c'est au nom de sire Roland des Bois, notre père, que je lui veux reprocher sa félonie. (A Olivier, le secouant.) Qu'as-tu fait de la somme qu'il t'avait confiée pour me donner une bonne éducation ? Tu m'as élevé comme un rustre, tant pis pour toi ! Tu as voulu m'avilir, tu m'as refusé les nobles exercices du corps et de l'esprit qui conviennent à un gentilhomme... Rends-moi ma chétive part d'héritage que retiennent tes mains sordides, et j'oublierai tes outrages ; j'irai chercher fortune ailleurs !

OLIVIER.

Eh ! qu'en feriez-vous, de votre argent ? Vous le dépenseriez en un jour, et vous iriez ensuite... mendier sur les chemins... Laissez-moi, je vous prie... vous aurez ce que vous demandez !... Lâchez-moi !

ROLAND, le lâchant.

Allez ! je ne vous veux point de mal. Faites-moi libre, je ne demande rien de plus ! (Il va à droite.)

OLIVIER, au milieu.

C'est bien. On y songera. Retournez à la maison. (A Adam, qui lui remet le fouet, qu'il a ramassé.) Et toi, suis-le, vieux chien.

ADAM.

Vieux chien! Il est vrai que j'ai perdu mes dents à votre service! Votre père, — Dieu ait son âme! — ne m'eût pas dit un pareil mot!

OLIVIER, haussant les épaules.

Silence! et que je ne vous retrouve pas ici. (Il sort par le fond, à droite, derrière l'estrade.)

ADAM, à Roland.

Eh bien! à présent, vous pleurez?

SCÈNE III.

JACQUES, ADAM, ROLAND.

(Jacques est en dehors de l'enceinte, il s'est appuyé sur la barrière. Roland s'est assis pensif sur les marches de l'estrade. Adam, au milieu, suit des yeux la sortie d'Olivier.)

JACQUES, à Adam.

Dites-moi, mon ami, — je suis un étranger, — cette place palissadée et garnie de bancs, c'est une arène pour quelque joute?

ADAM.

Oui, monsieur... C'est ici que le fameux Charles, lutteur de Son Altesse, doit se mesurer tout à l'heure contre quiconque osera le défier. (Il salue Jacques et se rapproche de Roland.)

ROLAND, à Adam.

Le fameux Charles, dis-tu?

JACQUES.

Alors, ce jeune homme assis là, et cet autre qui vient de sortir par ici, sont de vigoureux rustauds adonnés à la grossière profession de lutteurs? (Roland se lève avec vivacité.)

ADAM, bas à Roland.

Ne vous faites pas connaître... si c'était quelque espion...

3

JACQUES, s'approchant.

Je me disais bien, en effet, — quoique celui-ci... (Il désigne Roland.) ait quelque fierté dans les yeux, — que ces drôles ne faisaient qu'essayer leurs poings en attendant l'heure de se donner en spectacle aux désœuvrés de la cour.

ROLAND, irrité, allant à Jacques, qui entre dans l'enceinte.

Monsieur...

ADAM.

Attendez ! ce gentilhomme... Laissez-moi lui parler. (A Jacques, montrant Roland.) Il est le fils de...

JACQUES.

Je sais ! Mais l'autre ?...

ROLAND, avec fierté.

L'autre est mon frère, et si vous nous connaissez, vous savez que nous sommes de noble famille.

JACQUES, prenant le milieu.

Vous, des nobles ? Vous, des frères ? A d'autres, mon bon ami ! Vous êtes seigneurs comme les taureaux le sont de la prairie qu'ils broutent, et frères comme le sont les loups qui se mordent sans connaître de parenté.

ROLAND.

Monsieur, si vous n'étiez plus âgé que moi, je vous apprendrais à parler.

JACQUES.

Et vous m'apprendriez fort mal, si vos paroles répondent à vos actions !

ROLAND.

Qui êtes-vous, pour le prendre sur ce ton là ?

ADAM,

C'est...

JACQUES, faisant signe à Adam de se taire,

Qui je suis ? Hélas ! un homme bien las de l'être,

ROLAND,

Si vous avez le spleen, ne dégoûtez pas les jeunes gens de vivre,

JACQUES.

Tu appelles vivre ce que tu fais, pauvre fou ?

ROLAND.

Eh ! que peuvent faire ceux que l'on opprime ?

JACQUES.

Et pourquoi se ferait-on faute d'opprimer ceux qui, comme toi, n'ont d'autre argument à leur service que la strangulation ? Qu'espères-tu en réclamant ton patrimoine et ta liberté à un frère injuste et pillard ? Lui serrer la gorge jusqu'à lui arracher une promesse dont il se rit l'instant d'après ? violence perdue ! La lui serrer jusqu'à ce que mort s'ensuive ? violence funeste ! Entre le crime et l'abaissement, il n'y a qu'un chemin à prendre ; mais l'homme a le pied trop large et trop lourd pour y marcher, et les oiseaux du ciel ou les biches des bois ont seuls le secret de la délivrance !

ROLAND.

Je vous entends, tout ignorant et inculte que je suis. Mais vous qui parlez de liberté, avez-vous des ailes d'oiseau ou des pieds de biche ?

JACQUES.

Pour fuir le monde insensé, la cité perverse, l'homme a quelquefois les ailes du désir ou les pieds de la crainte ; mais, en quelque désert qu'il se réfugie, il se retrouve toujours sous le joug de son pire ennemi, qui est lui-même.

ROLAND.

L'ami, vous avez la sagesse orgueilleuse ou la raison chagrine.

JACQUES.

Moi sage ? Non, certes ! Les plus insensés des hommes sont ceux qui se croient raisonnables.

ADAM, à Roland.

Monsieur, à ses discours encore plus qu'à son visage, j'ai reconnu un ami du vieux duc. Laissez-moi l'interroger et savoir s'il peut vous porter secours dans vos peines.

ROLAND.

Fais comme tu voudras. (Il remonte vers le fond.)

ADAM.

Vous vous en allez?

ROLAND.

Oui... j'ai un projet...

ADAM.

Quoi donc?

ROLAND.

Je souhaite parler à ce fameux lutteur dont tu me parlais tout à l'heure... et dont je viens ici admirer les prouesses. (Il sort par la droite, derrière l'estrade. Adam le suit des yeux; Jacques passe à droite.)

ADAM, à Jacques.

Monsieur, puisque c'est vous... oh! oui, c'est bien vous... dites-moi si, à la cour de notre cher duc exilé, il y aurait place pour ce pauvre enfant que je ne verrais pas sans crainte rentrer à la maison, après la querelle de tout à l'heure?

JACQUES.

Mon ami, s'il te plaît d'appeler une cour l'humble compagnie du vieux duc, tu peux y conduire ton jeune maître : mais je doute qu'il s'y plaise!

ADAM.

Parce que?...

JACQUES.

Parce que...

ADAM.

Les princesses viennent, car voici leurs pages, éloignons-nous un peu.

JACQUES.

Tout à l'heure, je te parlerai; j'ai à parler d'abord à l'une de ces jeunes filles.

ADAM.

Non, non, monsieur, le temps presse, si vous saviez... si je vous disais... Il y va, je le crains, de la vie de mon jeune maître.

JACQUES.

Alors, viens de ce côté! (Adam sort par le premier plan à gauche, avec Jacques; Célia et Rosalinde viennent par la droite, derrière l'estrade.)

SCÈNE IV.

ROSALINDE, CÉLIA, pages.

CÉLIA.

Je t'en prie, ma douce Rosalinde, sois plus gaie!

ROSALINDE.

Chère Célia, je montre plus de gaieté que je n'en ai, et tu veux que j'en montre encore davantage? Apprends-moi donc à oublier un père! (Elles se promènent en parlant.)

CÉLIA.

Tu le pourrais, si tu m'aimais comme je t'aime! Oui, si j'étais à ta place, mon père serait devenu le tien!

ROSALINDE.

Non, chère cousine, ton père ne m'aime pas; il me soupçonne et m'humilie sans cesse. Sans la crainte de ta douleur, il y a longtemps qu'il m'eût chassée, car je suis pour lui un otage bien superflu. Il sait bien qu'il n'a plus rien à craindre du parti de son frère, et quelque jour il me séparera de toi, en dépit de tes prières et de tes pleurs.

CÉLIA.

A Dieu ne plaise qu'il ait ce cruel dessein? Non, non, ayons des idées plus riantes. Mon père a des moments de repentir et de piété; et d'ailleurs il m'aime, il n'aime que moi, et il sait que je ne pourrais pas vivre sans ma Rosalinde. Te tourmentes-tu de la pauvreté ou de l'abandon dans l'avenir? Es-tu ambitieuse, ma chère âme? Eh bien! l'avenir te rendra tes droits, et c'est toi qui seras l'héritière de ce duché.

ROSALINDE.

Moi?

CÉLIA.

Oui; fille unique, je dois succéder à mon père, et ce qu'il a pris au tien par force, ma tendresse te le rendra. Oh! j'en fais

3.

le serment; et, si j'y manque, puissé-je devenir un monstre de laideur ! (Allant s'asseoir sur le banc, à gauche.) Allons, ma charmante Rose, ma Rose bien-aimée, sois gaie ! rions un peu, faisons des projets * ?

CÉLIA.

Des projets ? Voyons !... si nous devenions amoureuses ?

CÉLIA.

Aïe ! voilà qui est bien dangereux ! Si l'on aime sérieuse-ment, on risque d'être malheureuse ; si l'on se joue de l'amour, c'est pire !...

ROSALINDE.

C'est vrai ; cherchons autre chose. De quoi rirons-nous ? Ah ! tiens, justement, voici le bouffon chargé du soin de nous égayer.

SCÈNE V.

CÉLIA, ROSALINDE, assises; PIERRE TOUCHARD,
l'air affairé, venant du fond, à droite.

CÉLIA.

Eh bien ! maître Pierre de Touche, phénix d'intelligence, où vas-tu ?

TOUCHARD, prenant tout à coup l'air posé.

Maîtresse, les jeux vont commencer, et le duc va venir, sur mon honneur !

CÉLIA.

A qui prends-tu ce serment-là, nigaud ?

TOUCHARD.

A un certain chevalier qui jurait sur son honneur que la friture était bonne, et que la moutarde ne valait rien. Pourtant, la friture ne valait rien, la moutarde était bonne, et mon homme ne se parjurait pas.

CÉLIA.

Comment arranges-tu cela ?

* Célia, Rosalinde.

TOUCHARD, se mettant derrière elles.

Regardez-moi toutes deux, caressez-vous les joues, et jurez par vos barbes que je suis un coquin.

CÉLIA.

Par nos barbes, tu es un coquin.

TOUCHARD.

Donc, je suis un honnête homme, car, lorsqu'on jure par ce que l'on n'a pas, on fait comme ce chevalier jurant par son honneur, (Rosalinde se lève pour regarder Jacques qui passe en ce moment dans le fond avec Adam, et allant de gauche à droite.) et... Mais à quoi sert d'avoir de l'esprit avec votre cousine ? Elle ne m'écoute seulement pas !

CÉLIA, se levant aussi.

Qu'est-ce, Rosalinde * ?

ROSALINDE, montrant Jacques, qui a reparu avec Adam au fond.

Je regarde ce gentilhomme qui est là-bas... Je ne le connais point... et pourtant je le connais.

TOUCHARD, à gauche.

Ah ! je n'aurais pas mieux parlé !

CÉLIA, à Rosalinde, qui regarde encore Jacques.

Pourquoi prends-tu la peine de le regarder? Si c'est un gentilhomme, ses habits sont passés de mode.

TOUCHARD.

Et sa figure aussi.

ROSALINDE.

Le voilà qui vient vers nous. Ah! j'ai oublié son nom; mais ses traits sont restés dans ma mémoire. (Adam s'en va par le fond à droite, après avoir baisé la main de Jacques, qui entre dans l'enceinte et s'adresse à Touchard qui est remonté pour le voir de près **.)

JACQUES.

Laquelle des deux est la fille du duc?

TOUCHARD.

Toutes deux, cher étranger. (Il redescend à droite.)

* Touchard, Célia, Rosalinde, Jacques.
** Célia, Rosalinde, Touchard, Jacques.

CÉLIA, à Jacques, en allant à lui.

Je suis la fille du duc qui règne. (Montrant Rosalinde.) Elle est la fille de celui qui devrait régner.

JACQUES.

Madame, vous dites plus vrai peut-être que vous ne pensez.

CÉLIA, étonnée de la brusquerie de Jacques.

Ah! ami, que ne prends-tu le bonnet de ce fou? Tu sembles fait pour le porter!

JACQUES.

Je sais qu'à la cour il faut porter ce bonnet pour dire la vérité. (A Rosalinde, en allant à elle.) Madame, je vous apporte des nouvelles de votre père *.

ROSALINDE.

Mon père! Ah! parlez vite! et parlez beaucoup!

JACQUES.

Il m'a chargé de vous dire qu'il vous souhaitait un printemps aussi vert que sa vieillesse.

ROSALINDE, allant à Célia.

Embrasse-moi, chère Célia, et Dieu soit loué! (A Jacques.) Est-il toujours dans son château des Ardennes, et compte-t-il y rester encore?

JACQUES.

Oui; il souhaite y rester toujours. Après avoir été poursuivi et persécuté si longtemps, il se trouve heureux d'être oublié dans cet humble manoir, situé au milieu de la forêt. Il est là, avec ses fidèles compagnons, vivant de sa chasse, comme le vieux Robin Hood d'Angleterre. Chaque jour, de jeunes seigneurs, fils de ses anciens amis, viennent se joindre à lui, et, tous ensemble, exempts de soucis, ils laissent couler le temps, comme au siècle de l'âge d'or : voilà mon message.

ROSALINDE.

Oh! que le ciel conserve en joie et santé mon père et ses amis!... Mais, ne désire-t-il pas que l'on me permette de le rejoindre?

* Rosalinde, Jacques, Célia, Touchard.

JACQUES.

Il le désire, et ne le souhaite pas, si vous êtes heureuse ici : la vie qu'il mène serait trop rude pour vous.

ROSALINDE.

J'ai de la force, du courage !

CÉLIA.

Et tu ne m'aimes pas !

ROSALINDE.

Ah ! ne sois pas jalouse de mon père ! Puis-je me défendre de l'aimer ? (A Jacques.) Vous partez déjà ?

JACQUES.

J'ai fait ce que désirait mon seigneur. Je vous ai vue, vous êtes grande, vous êtes fraîche... vous paraissez heureuse : voilà ce que je lui dirai.

CÉLIA, allant à Jacques *.

Et vous pourrez bien, sans mentir, lui dire aussi qu'elle est belle !

JACQUES.

Je le veux bien.

CÉLIA.

Ce sera par complaisance ? Est-ce que l'âge vous rend aveugle, mon bon monsieur ?

ROSALINDE.

L'âge ? Il a la figure belle et jeune encore !

CÉLIA.

Je ne trouve rien de beau dans celui qui te regarde avec indifférence.

JACQUES, regardant Célia avec ironie.

N'est-ce pas ainsi qu'à mon âge, on doit regarder toutes les femmes.

CÉLIA.

C'est pour leur rendre la pareille !

ROSALINDE, à Célia.

Pourquoi le railles-tu ? il a l'air triste !

* Touchard, Jacques, Célia, Rosalinde.

JACQUES.

Mon air est donc menteur, car je me ris de toutes choses!

CÉLIA.

Voilà un charmant caractère!

TOUCHARD.

Mais oui! (A Jacques.) Touche là, mon camarade... si tu as de l'esprit, toutefois!

ROSALINDE, à Célia.

Moi, j'ai bonne opinion de lui, puisqu'à ses risques et périls, il vient me trouver de la part de mon père; il doit être de ses amis.

JACQUES.

Je ne cours point de risques et ne brave point de périls.

CÉLIA.

Pourtant... vous devez être banni?

JACQUES.

Non, c'est par goût que j'ai suivi le duc dans son exil.

CÉLIA.

C'est peut-être par affection?

JACQUES.

Q'est-ce que l'affection? une habitude de l'esprit ou du cœur, qui n'est, au fond, que de l'égoïsme.

CÉLIA, à Rosalinde.

Voilà un étrange cerveau!

ROSALINDE.

Rappelez-moi votre nom. N'êtes-vous pas...

JACQUES.

Je ne suis plus ce que j'étais; ne me cherchez pas dans vos souvenirs: mon nom a changé de sens comme tout le reste. Autrefois, ici, j'étais pour tous Jacques le viveur et le magnifique; aujourd'hui, on m'appelle, là-bas, Jacques le rêveur et le solitaire.

CÉLIA.

Quoi! vous êtes ce Jacques... ce seigneur tant vanté pour ses folles mœurs et ses brillantes manières? Alors vous avez renonc̊é aux unes pour faire pénitence des autres? (Jacques la salue avec une gravité ironique.) Eh bien! vous ne répondez plus? Vous êtes déjà au bout de votre faconde?

JACQUES.

C'est la vôtre que je salue... et devant tant d'esprit, je retire ma conversation et ma personne.

ROSALINDE, allant à Jacques.

Ah! de grâce, monsieur, si vous pouvez rester sans danger, veuillez attendre que je puisse vous confier une lettre pour mon père. (Elle reprend sa place à gauche de Célia.)

JACQUES.

J'attendrai.

CÉLIA, allant à Jacques.

A revoir donc, dans un moment, aimable Jacques! (A Rosalinde, en lui prenant le bras pour s'en aller.) Impossible de le piquer! Son œil est encore vif et beau; mais sa bouche est une tombe où le sourire est enseveli. (Elles sortent avec Touchard.)

SCÈNE VI.

JACQUES, seul.

Regards et sourires de femme! vous êtes les éternels météores qui brillent sur les abimes! Clairs regards, radieux sourires!... (Riant.) Ah! que de pauvres sots s'y laissent prendre! Attendrai-je cette lettre? Oui, puisque j'ai promis de l'attendre! Il s'assied sur les degrés de l'estrade. Olivier et le lutteur entrent.)

SCÈNE VII.

CHARLES, OLIVIER, JACQUES, assis sur les degrés de l'estrade
(ils ne le voient pas), puis ADAM.

OLIVIER, venant de gauche et donnant le bras à Charles.

Et tu dis, Charles, mon brave lutteur, que ce jeune imprudent a osé...

CHARLES.

Oui; messire Olivier, votre jeune frère m'a porté le défi dans toutes les règles, et mon devoir est de vous le dire. J'eusse accepté l'épreuve pour en rire un autre jour que celui-ci. Mais ce jour est consacré à ma gloire, non à mon plaisir. Devant la cour, je dois soutenir ma réputation. Vous comprenez qu'il m'est impossible de faire quartier et de laisser sortir de mes mains un seul champion sans lui avoir au moins brisé un membre. Je vous prie donc de détourner le jeune homme de son dessein. Il est d'une complexion trop tendre pour moi, et je serais fâché de vous l'abîmer. Mais j'ai mon honneur à garder, et le dévouement que j'ai pour vous m'oblige à vous avertir.

OLIVIER, lui tapant sur l'épaule gauche.

Je t'en remercie, mon bon Charles, et tu peux compter sur une bonne récompense... quoi qu'il arrive! Je savais le dessein de Roland, et j'ai tout fait pour l'en détourner; mais ce jeune vaurien est le plus détestable entêté de France.

CHARLES.

Vraiment?

OLIVIER.

S'il n'était pas mon frère, je te dirais tous ses vices... envieux, hautain, perfide... Mais je dois taire tout cela, quoique je m'attende à être victime de ma bonté pour lui, car il trame sans cesse des complots contre ma vie.

CHARLES.

Lui? C'est donc...

OLIVIER.

Je ne peux pas tout te dire, il est mon frère! D'ailleurs sa malice est tellement noire qu'elle te ferait dresser les cheveux sur la tête, et que je n'en puis parler moi-même sans que les larmes ne me viennent aux yeux. Je dois pourtant t'avertir que si tu ne lui casses qu'un doigt, tu pourras bien te repentir de ne lui avoir pas rompu le cou. Il se vengera de son humiliation par tous les moyens; il forgera quelque traîtrise, il t'attirera dans quelque piège, il ne reculera pas même devant le poison!... Tu comprends tout ce que je renferme en moi-même, il est mon frère! Je suis forcé de te parler de lui avec indulgence; mais si je te dépeignais toute sa scélératesse, tu pâlirais d'effroi autant que je rougis de honte.

CHARLES.

Diantre! Je suis aise de vous avoir parlé. Allons, s'il cherche son mal, il aura son compte, et si je vous le renvoie sans béquilles, je veux ne jamais disputer le prix de la lutte. (Il remonte au fond et ses aides viennent le préparer à la lutte.)

OLIVIER, à part.

Ah! mon jeune coquin, vous en voulez tâter! Nous verrons si, demain, l'on dira encore de vous que vous êtes plein de qualités et de mérite, que vous apprenez tout sans être enseigné, et que vos nobles sentiments vous gagnent tous les cœurs. Nous verrons si mes gens vous obéiront plus qu'à moi-même, et si l'on fera encore de vous le cas que l'on devrait faire de moi seul? (Il remonte vers Charles.)

JACQUES, à part, se levant.

O détestable hypocrisie! Sur ma parole, les hommes sont encore plus méchants aujourd'hui qu'autrefois! (A Adam qui revient par devant l'estrade.) Ah! écoute, dis à ton jeune maître de ne point lutter avec Charles.

ADAM.

Lutter, lui? Est-ce que... (Il regarde Olivier et Charles qui causent ensemble.)

JACQUES.

Oui, oui, hâte-toi!... (Fanfare.) Est-ce là le cortège du duc Frédéric? (Le cortège commence à entrer.)

ADAM.

Et c'est le duc lui-même; mais d'où savez-vous que Roland...

JACQUES.

Je le sais. Va... cours! Détourne-le de cette sottise!

ADAM.

Le voilà! Oh! Je l'emmènerai d'ici! (Il va à Roland qui vient par la gauche et il l'emmène.)

SCÈNE VIII.

Les dames d'honneur et les pages paraissent sur l'estrade tandis que Frédéric et
sa suite entrent par le fond à droite, avec Célia et Rosalinde.

LES MÊMES, FRÉDÉRIC, CÉLIA, ROSALINDE, TOUCHARD,
ROLAND. (Le duc Frédéric entre au son des fanfares, avec Célia et Rosalinde; Touchard les suit. Des bourgeois et des gens du peuple se tiennent en
dehors de la palissade. Groupe de lutteurs se tenant autour de Charles.)

FRÉDÉRIC, à Célia et à Rosalinde.

Pourquoi me suivez-vous ici, puisque vous redoutez les
combats sérieux? Vos faibles cœurs n'en pourront supporter la
vue et vos cris gêneront les combattants. (Il monte sur l'estrade.)

JACQUES, qui est près de la barrière, bas à Célia et à Rosalinde.

Quoi! n'est-ce pas un passe-temps bien choisi pour des femmes que de voir des gens acharnés à déranger l'harmonie de
leurs côtes?

ROSALINDE, bas, lui remettant une lettre.

Je ne viens que pour vous remettre ceci... pour mon père.
Que Dieu vous accompagne! (A Célia.) Allons plus loin; nous
reviendrons voir couronner le vainqueur.

JACQUES, bas à Célia, montrant Roland qui cause avec feu avec Adam au fond.

Attendez! Regardez ce jeune homme qui se débarrasse de
son manteau!

CÉLIA, de même.

Prétendrait-il défier le terrible Charles?

JACQUES, de même.

Précisément; vous ferez que cela soit refusé, à moins que
vous ne preniez plaisir à voir tuer un enfant.

CÉLIA, à Touchard qui est près d'elle.

Amène-le-moi, vite! (Haut à Frédéric.) Mon père, vous ne
souffrirez pas une lutte trop inégale?

FRÉDÉRIC, des marches de l'estrade.

Je ne souffrirai pas que mon lutteur refuse un défi, de quelque part qu'il vienne!

CÉLIA, montrant Roland qui descend en scène.

Mais ce pauvre jeune homme...

FRÉDÉRIC.

Qui?... ça?... Je ne sais quoi dans cette figure me déplaît! Laissez Charles donner une leçon à ce moucheron qui s'attaque au lion redoutable! (Il remonte sur l'estrade.)

CÉLIA, à Roland, qui est sur le devant à gauche.

Jeune homme, pourquoi défiez-vous Charles?

ROLAND.

C'est lui, madame, qui a porté un défi général. Je viens, comme les autres, essayer contre lui les forces de ma jeunesse.

CÉLIA.

Votre audace est trop grande. Nous vous prions de prendre meilleur soin de vous-même et de renoncer à cette entreprise. (Elle gagne un peu à droite.)

ROSALINDE, émue.

Faites-le, monsieur, votre honneur n'en souffrira pas. Ma cousine obtiendra de son père que la lutte n'ait pas lieu aujourd'hui.

ROLAND, embarrassé et s'animant peu à peu.

Ah! il m'en coûte de refuser quelque chose à des dames si... si belles... et si douces! Mais ne m'en punissez pas! Que vos regards et vos vœux me protégent. Si je suis vaincu, la honte en sera pour moi seul, que rien ne distingue de la foule, et qui, privé de tout autre mérite, n'ai que du courage à montrer. Si je suis tué, il n'y aura pas grand mal! nul ami ne me pleurera; je n'aurai rien à regretter en ce monde, où je n'ai rien, où je ne fais rien, où je ne suis rien... J'y laisserai vide une place qui sera mieux occupée par tout autre que par moi.

ROSALINDE, émue.

Hélas! je voudrais pouvoir ajouter le peu de force que j'ai à la vôtre!

CÉLIA.

Et je vous donnerais la mienne aussi de bon cœur!

ADAM, à Roland, que Jacques essaye de dissuader.

Ne luttez pas, votre perte est résolue!

OLIVIER, bas à Charles, en entrant par le devant à gauche *.

Ne te laisse pas surprendre. Il a plus de vigueur qu'on ne croirait! (Il fait à part le geste de toucher son cou, que Roland a endolori.)

ADAM, à Olivier.

Eh quoi! monsieur, vous n'empêchez pas votre frère de s'exposer ainsi!

OLIVIER.

Il fallait l'empêcher, toi!

ADAM.

Hélas! il a le courage de son père! Que n'en a-t-il la force et l'expérience! (A Olivier.) Monsieur... de grâce!...

OLIVIER, lui tournant le dos.

Je ne saurais rester ici, je suis trop ému! (Bas à Charles.) Méfie-toi, te dis-je! (Il se perd dans la foule.)

CHARLES, après avoir salué le duc en s'approchant de l'estrade.

Voyons! où est le premier inscrit! Où est ce jeune brave si pressé de sommeiller... dans le sein de sa mère! (Il montre la terre d'un air farouche.)

ROLAND, s'avançant à la droite de Charles.

Le voilà prêt!

ROSALINDE, à Charles, vivement.

Vous cesserez après la première chute?

CHARLES.

Votre seigneurie peut compter là-dessus. Il n'en demandera pas une seconde.

ROLAND, à Charles.

Pourquoi vous moquer d'avance? Il sera temps après la victoire!

CHARLES.

Allons!... (Ils passent derrière la palissade au second plan. Le groupe des assistants les cache. Le duc se lève pour regarder la lutte du haut de l'estrade. Jac-

* Charles, Olivier, Adam, Jacques, Roland; *au fond*, Rosalinde, Célia.

ques et Adam sont au fond, à gauche, près de la barrière; Célia et Rosalinde, à droite, au pied de l'estrade.)

ROSALINDE.

Oh! vaillant, excellent jeune homme! (A Jacques.) J'espère qu'il vaincra!

JACQUES.

Moi, je ne l'espère pas pour lui!

CÉLIA.

Hélas! ni moi non plus! (A Adam.) Eh bien?

ADAM.

Je ne peux rien voir, je me sens mourir!

ROSALINDE, s'appuyant sur l'estrade.

Et moi aussi!...

CÉLIA.

Eh bien, cousine?... voyons, ne restons pas!

JACQUES.

Attendez!... Un des deux est renversé!...

FRÉDÉRIC.

Assez! (Le groupe s'ouvre. On voit Roland debout. Charles est par terre sans mouvement.)

ADAM.

Ah!...

FRÉDÉRIC.

Charles vaincu?

ROLAND, modestement.

Je supplie Votre Altesse de permettre que je continue, je ne suis pas encore en haleine.

FRÉDÉRIC.

Comment le trouves-tu, Charles?

TOUCHARD.

Il ne peut point parler, monseigneur.

FRÉDÉRIC.

Qu'on l'emporte!

TOUCHARD.

Fanfares, sonnez pour le vainqueur. (On emporte Charles. Roland entre en scène, Adam le serre dans ses bras.)

4.

FRÉDÉRIC, qui a descendu de l'estrade, à Roland.

Qui es-tu, jeune homme? Ton nom?

ROLAND, avec fierté.

Monseigneur, je suis le plus jeune des fils de sire Roland des Bois.

FRÉDÉRIC.

Il fut mon ennemi! Tu es un vaillant garçon, mais je regrette que tu ne m'aies pas nommé un autre père! (Il passe devant lui en le regardant et aperçoit Jacques; il tressaille et revient. — Aux seigneurs de sa suite.) Messieurs , suivez-nous ! des soins plus graves nous réclament! (Bas à l'un des seigneurs.) Il y a ici comme une puanteur de trahison! venez! (Il sort avec sa suite par le fond à droite; l'estrade se dégarnit des dames qui y étaient. — Fanfare pendant la sortie du duc).

OLIVIER, à part, à l'extrême gauche.

Allons! il faut chercher autre chose... et s'il faut dix hommes pour l'abattre... on les trouvera! (Il sort par le fond, à droite.)

ADAM, qui l'observe.

Où va-t-il? je le saurai. (Il le suit. Jacques disparaît aussi.)

SCÈNE IX.

ROLAND, CÉLIA, ROSALINDE.

CÉLIA, à Rosalinde.

Oh! la sombre et jalouse humeur de mon père! Ce jeune homme ne méritait-il pas une meilleure parole?

ROSALINDE.

Mon père, à moi, aimait sire Roland comme son âme, et tout le monde l'estimait comme un noble et digne seigneur; et ce pauvre jeune homme est son fils!

CÉLIA.

Si j'osais lui faire quelque présent... Il paraît fier, et il n'acceptera que nos éloges! (Allant à lui avec franchise.) Monsieur, si vous tenez vos promesses en amour comme en guerre, celle que vous aimerez sera bien heureuse! (Elle passe devant Roland qui est immobile.)

ROSALINDE, ôtant sa chaîne d'or.

Portez ceci pour l'amour d'une jeune fille brouillée avec la
fortune, et qui donnerait davantage si elle avait davantage.
(Roland reçoit la chaîne que Rosalinde lui met dans la main; puis elle passe
derrière lui. A Célia.) Viens-tu? cousine.

CÉLIA, gracieuse, à Roland.

Adieu, beau cavalier! (Roland reste immobile.)

ROSALINDE, à Célia.

Je crois qu'il nous rappelle! (A Roland, revenant.) Vous disiez,
monsieur?... Vous avez bien lutté, monsieur, et vaincu un
homme... (A part.) c'est-à-dire une femme... (Haut.) qui ne s'y
attendait pas! (Elles sortent par la gauche, premier plan. Jacques reparaît au
fond.)

ROLAND, à part.

O malheureux que je suis! Ne pouvoir lui dire un mot!
Dans quel état suis-je donc, que ma langue se refuse... est-ce
l'effet de la lutte? Ne pouvais-je dire, au moins « Je vous rends
grâce!... » Elle m'aurait parlé encore. (Il essaye d'aller vers Rosalinde et s'arrête.)

SCÈNE X.

JACQUES, ROLAND, ADAM, venant du premier plan, à droite.

ADAM, bas à Roland.

Monsieur, il n'y a pas de sûreté pour vous ici. Le duc est,
dit-on, très-irrité de vous y avoir vu remporter l'avantage...

ROLAND, sans l'écouter, baisant la chaîne.

O céleste!... céleste Rosalinde!

ADAM.

Écoutez-moi, monsieur! J'ai servi fidèlement votre père; je
vous aime plus que ma vie, et ce que j'ai gagné au service de
votre maison, je veux que vous l'emportiez...

ROLAND.

Que dis-tu?... Je ne veux pas partir; je ne suis point malheureux; je consens à retourner chez mon frère.

JACQUES.

Vous ne le pouvez pas! il a juré votre perte; je viens de l'entendre...

ROLAND, à part.

Rosalinde!

ADAM.

Venez, venez! je vous sauverai, moi! J'ai encore de la force, de la volonté! je vous suivrais au bout du monde! Mais venez! Vous ne m'écoutez pas; vous ne m'aimez donc pas? (Il l'entraîne.)

JACQUES, à Adam.

Prenez la route que j'ai indiquée, c'est la plus rude et la plus sûre.

ADAM, emmenant Roland.

Oui, oui, monsieur Jacques; merci! (Adam et Roland sortent par la droite, premier plan.)

SCÈNE XI.

CÉLIA, ROSALINDE, JACQUES, puis TOUCHARD.

CÉLIA, à Rosalinde, qui regarde sortir Roland.

Quoi! tu voudrais lui parler encore?...

ROSALINDE.

Ah! mon orgueil est tombé avec ma fortune! Ne dois-je pas plaindre ceux qui sont humiliés pour l'amour de mon père? Ce jeune homme, mon oncle doit le haïr! Mais, je t'en prie, ne le hais pas, toi!

CÉLIA.

Si tu l'aimes, il faudra bien que je l'aime aussi! Mais que fait donc là ce mélancolique seigneur? (Elle montre Jacques.) Il paraissait si pressé de nous quitter, et le voilà qui reste planté comme une quintaine! (Allant à Jacques, debout devant l'estrade.) Que pensez-vous, monsieur, de l'aimable fils de sire Roland?

JACQUES.

Et vous, madame? vous pensez qu'au scintillement du miroir, les oiseaux des champs doivent tomber dans le filet?

CÉLIA.

Où va votre métaphore? Qui est le chasseur, et qui est la proie?

JACQUES.

Le chasseur qui a tendu le piége n'est pas toujours celui qui prend le gibier. Votre cousine a captivé l'étourneau que vous guettiez.

CÉLIA.

Sachez, monsieur, que Rosalinde m'est plus chère que tous les étourneaux du monde, et que j'en donnerais mille comme vous avant de lui en disputer un seul.

JACQUES.

Je ne crois point à cette générosité. Il ne faudrait (montrant Touchard qui entre précipitamment du fond à droite, et qui parle à Rosalinde) qu'un malotru comme celui-ci pour vous brouiller avec votre cousine. Pour un peu de louange, fût-elle chantée par la voix d'un hibou...

CÉLIA.

Oh! grand merci, j'ai assez de cette voix là *. (A Rosalinde.) Qu'y a-t-il, et pourquoi la pâleur des lis sur tes joues?

ROSALINDE, montrant Touchard.

Je ne sais s'il parle sérieusement.

CÉLIA.

Voyons, de quelle méchante nouvelle es-tu le messager?

TOUCHARD.

Une nouvelle plus grosse que moi, qui suis petit; plus folle que moi, qui suis sage; plus méchante que moi, qui suis bon.

CÉLIA.

Parle vite, ou je me fâche.

TOUCHARD, parlant très-vite et se mettant entre les femmes.

Votre père a fort bien reconnu Jacques, lequel fera sagement de décamper. Il a vu Rosalinde lui donner une lettre. L'intérêt qu'elle a marqué pour le petit Roland l'a frappé aussi. Il s'est

* Touchard, Rosalinde, Célia, Jacques.

mis fort en colère. Il dit que ses ennemis relèvent la tête et que
sa nièce conspire contre lui. Il ordonne qu'elle ait à sortir de
ses États, où elle est trop aimée, et à chercher asile où bon lui
semblera : et cela dans huit jours, sous peine d'avoir la tête
tranchée; voilà, j'ai dit ! (Il retourne à gauche.)

ROSALINDE.

Tu l'entends, Célia. L'exil ou la mort! Je te le disais bien!

TOUCHARD.

Ah! tirons nos mouchoirs. Voici l'heure de pleurer!

JACQUES, à Célia qui est restée absorbée.

Et pourtant, vous ne pleurez pas?

CÉLIA.

Si j'ai à pleurer, c'est sur moi, et non pas sur elle. Ah! cruel
père ! que t'ai-je fait, et pourquoi traiter ainsi ta fille innocente
et soumise?

ROSALINDE.

Que dis-tu? Tu n'as donc pas compris?

CÉLIA.

Que trop ! Mon père ne m'aime plus, mon père ne m'aime
pas! M'accuser de conspirer contre lui, me bannir honteuse-
ment, m'abandonner à la misère, me menacer de la mort,
moi, sa fille!

ROSALINDE.

Perds-tu l'esprit, ma pauvre Célia? Il ne t'a ni bannie, ni
menacée.

CÉLIA.

Non. Tu ne le crois pas? C'est que tu ne m'aimes pas assez, Rosalinde, pour savoir qu'à nous deux nous ne faisons qu'une âme.
On nous séparerait! Nous nous quitterions! Nous qui, dès l'enfance, avons dormi sous les mêmes rideaux et mangé à la
même table! nous qu'on voyait toujours ensemble, à l'heure
du réveil comme à celle du repos, partageant les mêmes jeux
et les mêmes études, inséparables, disait-on, comme deux
cygnes attelés au char de la déesse Amitié. Non, non, ma chère

Rose, je serai avec toi dans la disgrâce comme dans l'opulence.
Ta peine, ta pauvreté, ton humiliation, tes périls, tout cela est
à moi comme à toi-même. Partons donc ensemble et courons
rejoindre ton père, fallût-il traverser les sables de la Libye,
pour trouver la forêt des Ardennes!

ROSALINDE.

Non, Célia, c'est impossible! Ma chère Célia, tu ne dois
pas...

JACQUES.

Vous croyez qu'elle parle sérieusement?

CÉLIA.

Oui, monsieur, je parle sérieusement. Qu'elle y consente ou
non, je partirai avec elle ou sans elle. Mais où elle ira, j'irai;
où elle vivra, je vivrai; où elle ne sera pas avec moi, je mour-
rai. Viens, retournons au palais, ma Rosalinde, et que, dès ce
soir, avant que l'on ne se doute de mon dessein, notre fuite
soit assurée. Il faut nous déguiser, nous munir de l'argent et
des effets nécessaires, faire préparer des chevaux, et, avant que
l'aube paraisse, nous trouver ici, où ce gentilhomme aura la
courtoisie de nous attendre pour nous servir de protecteur et
de guide.

JACQUES.

Qui? moi? Me charger de deux belles dames pour fuir à
travers les bois et les montagnes?

ROSALINDE.

Refusez-vous, lorsqu'on me chasse, de me conduire auprès
de mon père?

JACQUES.

Vous, fort bien; mais elle?... Qu'elle me commande tout de
suite de lever une armée pour la défendre!

CÉLIA.

Oh! vous avez peur, brave chevalier?

JACQUES.

De vous, certes.

CÉLIA.

Enfin, voilà quelque chose qui, de sa part, peut passer pour galant!

JACQUES.

Oh! ne le prenez pas ainsi, je vous prie!

CÉLIA, à Touchard.

Eh bien! maître Pierre, mon pauvre fou, veux-tu me suivre toi?

TOUCHARD.

Oui, si vous me promettez qu'une fois dans le désert je ne serai plus obligé de vous faire rire.

CÉLIA.

Soit! (A Jacques.) Vous le voyez, ce bouffon-là, qui ne vaut pas grand'chose, a plus de cœur que vous! et puisque vous refusez, on se passera de votre compagnie. Viens, Rosalinde, mon parti est pris, mon cœur ne faiblira pas; Dieu qui bénit notre amitié, protégera notre fuite, (regardant Jacques) et ceux qui voudraient te faire douter de moi, apprendront à me connaître. (Elle sort avec Rosalinde par le fond à droite.)

SCÈNE XII.

TOUCHARD, JACQUES.

TOUCHARD.

Or donc, je ne suis plus bouffon et je vas vivre en gentilhomme! Fait-on tant soit peu de bonne chère dans la forêt des Ardennes? Les poulardes y sont-elles grasses? les vins y sont-ils généreux? Mais à quoi songes-tu, camarade? car tu prends mon emploi; tu as l'esprit frondeur, la repartie vive, et c'est toi qui désormais porteras ceci. C'est toi qui feras résonner ces grelots aux oreilles de ma maîtresse, à moins pourtant que tu ne préfères voyager seul.

JACQUES.

Va lui dire que je serai ici avant que le jour paraisse.

TOUCHARD.

Ah! vous vous ravisez? Tant mieux, vraiment! vous me

distrairez des ennuis de la route! Honneur donc et salut à votre humeur facétieuse et drôlatique ! (Lui donnant la marotte.) Ac-
ceptez ceci, seigneur fou, et que le ciel vous assiste! (Il sort par le
fond à droite.)

SCÈNE XIII.

JACQUES, seul. Il tient la marotte et la regarde d'un air distrait.

Ah! oui, certes! voilà bien le sceptre qui me convient désormais! (Jetant la marotte loin de lui.) Non! dès que j'aurai conduit
cette belle demoiselle à son oncle, j'irai chercher une solitude
plus profonde ou des hommes plus ennemis de la société! J'i-
rais bien vivre parmi les loups, si je croyais... mais ces co-
quins-là sont capables de ne pas valoir mieux que les hommes.

FIN DU PREMIER ACTE.

ACTE DEUXIÈME

Dans la forêt des Ardennes. Arbres et rochers. Un ruisseau sous les saules. Grands chênes aux premiers plans. A gauche, au premier plan, un arbre au pied duquel est une roche servant de siége. Au troisième plan, faisant face au public, un tertre donnant passage à un sentier passant entre deux gros arbres, avec une descente rapide.

SCÈNE PREMIÈRE.

LE DUC EXILÉ, AMIENS ET AUTRES SEIGNEURS, VALETS
ET PIQUEURS.

Un feu est allumé au fond pour une cuisine improvisée; les valets déballent des paniers, des ustensiles et des mets.

LE DUC.

Voici le lieu choisi pour notre halte. (A ses gens.) Amis, servez-nous la collation sous ces arbres. (Aux seigneurs.) Si Jacques revient aujourd'hui, il saura nous retrouver ici. Puissé-je recevoir aujourd'hui des nouvelles de ma fille chérie et revoir la figure d'un ami fidèle! Et vous, mes frères, mes compagnons d'exil, ne vous tarde-t-il point d'entendre soupirer ou gronder notre philosophe mélancolique?

AMIENS.

Oui, certes, monseigneur. L'habitude de vivre ensemble change en qualités les travers de notre nature, tant est douce à l'homme la pente qui l'entraîne à recommencer chaque matin le chemin qu'il a fait la veille. J'avoue que les boutades de Jacques me manquent. Il me semble que je fais toutes choses plus mal depuis qu'il n'est plus là pour me dire que je ne fais rien de bien.

LE DUC.

Pour moi, plus il me gourmande, plus il m'intéresse, et c'est dans ses plus grands accès de misanthropie que je trouve du profit à l'entendre. J'aime alors à le contredire et à le critiquer pour l'obliger à parler davantage, car, au fond de ses récriminations contre le genre humain, je vois toujours briller l'amour du vrai et la haine du mal, comme les claires étoiles derrière les nuages sombres. (On lui apporte le pain; il prend la corbeille.) Mais venez, chers compagnons affamés, venez recevoir le pain. Je veux, jusqu'à mon dernier jour, garder la coutume de vous l'offrir moi-même. (A ses gens.) Bons serviteurs, distribuez-nous dans la vaisselle de bois, ouvrage de vos mains industrieuses, les viandes saignantes ou salées, selon le gré de chacun. (Audrey paraît au premier plan, à gauche.) Laissez approcher la bonne Audrey.

SCÈNE II.

AUDREY, LE DUC, AMIENS, puis TOUCHARD.

LE DUC.

Eh bien! Audrey, tu nous apportes le lait de tes brebis et les fruits de ton verger? Sois toujours la bienvenue, ma pauvre enfant! (A Amiens, pendant qu'on se groupe chacun à sa guise pour manger.) Ma fille est à peu près de son âge; mais combien je me la représente plus grande et plus belle!

AUDREY, qui est remontée, voyant entrer Touchard, effrayée.

Ah! mon Dieu, qu'est-ce que c'est que cet homme-là?

TOUCHARD.

Un joli homme bien fatigué, ma belle enfant! (Cherchant des yeux.) Ah çà, où est ce pauvre duc? Montrez-le moi!

AUDREY, inquiète.

Qu'est-ce que vous lui voulez?

TOUCHARD.

Qu'est-ce que ça vous fait? J'ai à lui parler!

AUDREY.

Alors, le voilà.

AMIENS. (Le Duc, avec le groupe principal, s'est installé sur la droite.)

Monseigneur, voici un animal plus curieux à rencontrer ici que tous ceux auxquels nous donnons la chasse. (Faisant des signes.) Par ici, par ici, l'ami *!

---

* Audrey, Touchard, le Duc, Amiens.

LE DUC, surpris.

Un fou? Oui, sur ma parole, un fou en jaquette bigarrée! D'où sors-tu et que cherches-tu en ce pays, mon pauvre fou?

TOUCHARD.

Ne m'appelez fou que quand j'aurai épousé la fortune, car c'est une femme ingrate; mais appelez-moi sot, trois fois sot d'être venu courtiser la misère, car c'est une fille maussade. (Il cherche à prendre un fruit à Audrey qui passe près du duc.) C'est donc là cette fameuse forêt des Ardennes?

AMIENS.

Est-ce donc par hasard que tu t'y trouves?

TOUCHARD, guignant les mets qui passent près de lui.

Non; et c'est d'autant plus sot à moi de m'y trouver! (Il prend un fruit à la dérobée dans la corbeille d'Audrey qui le regarde ébahie.)

LE DUC.

Demande ce que tu veux, mon ami?

TOUCHARD.

Ne faites pas attention. Je prends cette pomme pour philosopher sur le destin de l'homme. Ce fruit n'est-il pas son image?

LE DUC, assis à droite.

Voyons ta philosophie!

TOUCHARD.

Que faisait cette pomme sur son arbre, et que va-t-elle devenir si je ne la mange? (Il mord dans la pomme.) C'est ainsi que d'heure en heure nous mûrissons, mûrissons; et puis, d'heure en heure, nous pourrissons, pourrissons, jusqu'à ce que la mort nous croque et que la terre nous avale.

LE DUC.

Voilà un fou sentencieux! Êtes-vous tous maintenant de cette humeur-là?

TOUCHARD.

Oui, monsieur. Autrefois les grands étaient trop sages; ils inventèrent les fous pour avoir de la gaieté. Mais peu à peu ils

ont pris notre folie et nous ont laissé en échange leur sagesse.
Nous aurions dû demander du retour.

LE DUC.

De mieux en mieux! Mais de quel pays viens-tu, et quel
maître as-tu servi?

TOUCHARD, qui mange avec avidité.

Tout à l'heure... Je... On m'a dit... (A part.) On m'a dit de le
préparer adroitement à l'arrivée...

LE DUC.

Parle, peut-être sauras-tu des nouvelles de ceux qui m'in-
téressent.

TOUCHARD.

Oh! des nouvelles, j'en ai la bouche toute pleine... Il n'y a,
à vrai dire, que de vieilles nouvelles à la cour de votre frère.

LE DUC, se levant.

Mon frère! tu es donc...

TOUCHARD.

L'ami intime, le favori, les délices des deux princesses, ce
qui me fait penser à vous dire que votre fille Rosalinde se
porte aussi bien que vous et moi, et que monsieur Jacques,
mon camarade, est là, tout près, qui attend votre bon plaisir.

LE DUC, se levant.

Jacques est là? Que ne le disais-tu tout de suite? Jacques!
Jacques! où donc êtes-vous? (Il passe à gauche.)

TOUCHARD.

Ayez patience! Monsieur Jacques a pris fantaisie de vous
amener un page, et le garçonnet retarde sa marche.

LE DUC.

Un page, à moi, et un fou? Que veut-il que je fasse de deux
serviteurs de cette espèce?

TOUCHARD.

Mais ils viennent; les voilà.

5.

SCÈNE III.

LES MÊMES, JACQUES, puis ROSALINDE, vêtue en jeune garçon *.

LE DUC, à Jacques, l'embrassant.

Jacques!... Et ma fille? ma fille?

JACQUES.

Voici une lettre d'elle.

LE DUC.

Une lettre? (Il prend la lettre.)

JACQUES.

Vous attendiez-vous donc à la revoir?

LE DUC, ouvrant la lettre.

Hélas non!... Si elle est heureuse... qu'elle reste où elle est bien! (Il lit la lettre.)

JACQUES, à Rosalinde qui est restée loin derrière lui, à mi-voix.

Approchez... et parlez-lui avec précaution.

ROSALINDE.

Ah! je ne saurais lui parler!

LE DUC, achevant la lettre.

Elle espère qu'un jour on lui permettra... Ah! si j'étais moins vieux, j'aurais plus de patience. (A Rosalinde, qui met un genou en terre devant lui **.) Que veux-tu, mon enfant? Es-tu le fils ou le petit-fils de quelque ami de ma jeunesse? Et pour cela on te persécute peut-être à la cour de mon frère? (Jacques fait un signe affirmatif.) Si tu cherches un refuge auprès de moi, sois le bienvenu. Mais ne compte pas faire ici une brillante carrière. Nous avons perdu la pompe de notre rang et trouvé une vie plus rude pour le corps, plus saine pour l'âme. Ces bois nous offrent moins de dangers que les palais, séjour de l'envie. Ici, nous n'avons à subir que la peine infligée à notre premier père, le changement des saisons et la nécessité de devoir notre nourriture aux fatigues de la chasse; mais, brûlé

* Rosalinde, Jacques, le Duc, Amiens.

** Jacques, Rosalinde, le Duc, Amiens, Audrey et Touchard, *assis au bas du tertre à gauche.*

par le soleil ou surpris par la tempête, je souris parfois en me disant : « Il n'y a point ici de flatteurs, car voilà des conseil» lers qui me font sentir qu'un prince est un homme, et un » homme bien peu de chose!... » Mais pourquoi pleures-tu, mon enfant? car je sens tes larmes sur mes mains! Mon sort t'effraye, et tu regrettes d'être venu le partager?

ROSALINDE.

Ah! je veux vivre près de vous, monseigneur, ne me renvoyez pas !

JACQUES, souriant.

Gardez-le près de vous; il vous servira bien.

LE DUC.

J'y consens, mais qu'il me dise son nom et me montre son visage. (Rosalinde se relève. Il la regarde avec émotion. Elle n'y peut tenir et se jette dans ses bras.

ROSALINDE.

Ah! mon père! c'est moi !

LE DUC.

Ma fille! ma Rosalinde! sous ce déguisement! (Surprise et mouvement général.)

ROSALINDE.

La crainte de vous surprendre trop vite me l'avait fait prendre en voyage, et je n'ai pas su me faire deviner peu à peu.

LE DUC.

Que tu es belle ainsi! Tu me rappelles les fils que j'ai perdus! O béni soit le jour où tu m'es rendue! Chers compagnons, permettez-nous d'épancher nos cœurs; et vous qui partagez ma joie, réjouissez de vos gais propos ou de vos chansons capricieuses les échos de l'antique forêt! (Il remonte au fond avec sa fille, qui se met à ses genoux, les mains dans les siennes, et s'entretient avec lui. Touchard mange et cause avec Audrey. Un musicien joue du luth, debout sur le tertre, à gauche.)

AMIENS, à Jacques, sur le devant de la scène. (Plusieurs seigneurs les entourent, les uns reprenant leur repas, les autres debout.)

Voici une heureuse journée, Jacques, et chacun de nous

doit vous féliciter d'avoir apporté ici une joie si nouvelle et si
pure. Mais parlez-nous de votre voyage et dites-nous ce que
vous avez vu au delà de cette forêt, dans les campagnes et dans
les villes.

(Ils vont s'asseoir à droite; Jacques est au milieu et domine tous les autres;
Amiens est à sa gauche; Touchard est devant lui par terre.)

JACQUES.

Innocents que vous êtes! vous croyez donc que la terre a
changé de face depuis que vous n'avez plus commerce avec le
monde? Je vous jure que le monde est toujours le même, sinon
qu'il est de dix ans plus vieux, c'est-à-dire de dix ans plus laid.

AMIENS.

Pourtant toutes choses s'améliorent en vieillissant, ou, étant
usées, se renouvellent?

JACQUES.

Vous croyez? Je n'ai point vu cela. J'ai vu l'éternelle représentation de la vie humaine, comédie en sept actes. D'abord,
le pauvre marmot qui vagit et bave aux bras de sa nourrice.
Ensuite, l'écolier pleurard, avec sa sacoche, et sa face ver-
meille comme le matin, se traînant à l'école à contre-cœur et
à pas d'escargot. Puis l'amant plaintif aux soupirs de flamme,
chantant sur un air usé les charmes toujours nouveaux de sa
maîtresse. Mais le voilà soldat! Ombrageux et violent, la bouche pleine de jurements étranges, portant moustaches de léo-
pard, il court jusque sous la gueule du canon après cette bulle
d'air qu'on appelle la gloire. Attendez! voici le magistrat nourri
de gras chapons, portant avec orgueil son beau gros ventre et
sa barbe taillée avec méthode : il a l'œil sévère, et débite à tout
propos de graves maximes et des sentences rebattues. Puis arrive le sixième âge, un pâle Cassandre, avec ses pantoufles, ses
lunettes sur le nez, ses poches sur les côtés; les chausses de
sa jeunesse, plus durables et mieux conservées que sa personne, flottent trop larges sur sa cuisse amaigrie; sa voix est
devenue un fausset qui bégaye et siffle comme celui d'un enfant. (Il se lève sur place.) Enfin la dernière scène, celle qui vient
clore cette fatigante histoire de la vie, une seconde enfance, un

état d'oubli stupide, un fantôme sans yeux, sans dents, sans
goût, sans rien!... Voilà ce que j'ai vu, et, sur ma parole, cela
ne valait pas le voyage. (Il passe à gauche, les autres remontent vers le
duc. Amiens reste un peu plus en avant, s'assied, et s'apprête à manger.)

UN SEIGNEUR.

Ce pauvre Jacques, il est toujours le même, il ne se corri-
gera point!

TOUCHARD, aux seigneurs.

Il a bien parlé! c'est un élève qui me fait honneur... (On rit.)
Mais vous riez, et je vois bien que nous perdons notre temps,
lui et moi, à vouloir instruire des gens frivoles. — Mangeons.

SCÈNE IV.

Les Mêmes, ADAM, ROLAND, venant par les rochers du premier plan et
s'arrêtant sur le devant du théâtre, à gauche.

ROLAND, à Adam qu'il soutient.

Comment donc, Adam, tu n'as pas plus de courage que
cela? Tiens! nous sommes sauvés, et quels que soient ces
gens-ci... (Il tire son épée.) Je ne te laisserai pas mourir faute
d'un repas! (Il s'élance vers Amiens, et il étend la pointe de son épée sur
sa corbeille.) Arrêtez, et ne mangez plus!

AMIENS, souriant, assis à droite.

Ah oui dà? Je n'ai pas encore commencé!

ROLAND.

Tu ne commenceras pas! (Amiens se lève et se met en défense.)

AMIENS.

Est-ce un second fou?

JACQUES, aux autres seigneurs qui veulent repousser Roland.

Laissez! je connais ce fauconneau!

ROSALINDE, à son père qui s'est levé avec elle et qui s'approche vivement.

Et moi aussi, je le connais!

LE DUC, faisant signe à ses amis *.

Laissez-moi lui parler! (A Roland.) Est-ce l'orgueil, jeune
homme, ou le besoin, qui te donne cette audace?

* Adam, *couché à gauche*, Roland, le Duc, Rosalinde, Jacques, Amiens.

ROLAND.

C'est la faim! (A Amiens.) Laissez cela, vous dis-je, ou vous mourrez, je le jure!

AMIENS, riant.

Faut-il absolument que je meure?

LE DUC, à Roland.

Êtes-vous dénué de savoir-vivre au point d'ignorer comment on parle à des hommes civilisés? Que prétendez-vous? Vous obtiendriez par la douceur ce que nous refusons à la violence.

ROLAND.

Donnez-moi à manger... (Pleurant et montrant Adam.) pour ce pauvre vieux qui va mourir si l'on me refuse!

LE DUC à ses gens, montrant Adam.

Portez-lui de prompts secours! (Rosalinde, Audrey, Touchard et autres, courent relever Adam et l'assistent.) (A Roland.) Et vous, asseyez-vous, vous êtes le bienvenu parmi nous.

ROLAND.

Quoi! vous me parlez avec cette bonté? J'ai cru qu'ici tout était sauvage, et j'ai été sauvage moi-même; mais, qui que vous soyez, si vous avez connu des jours meilleurs, si vous avez habité des lieux où le son de la cloche appelle les hommes à la prière, s'il vous est arrivé de vous asseoir à la table d'un homme de bien, si jamais une larme a mouillé vos yeux; si, malheureux vous-même, vous avez appris à plaindre le malheur : enfin, si la souffrance est la meilleure arme auprès de vous, je remets en rougissant celle-ci dans le fourreau, et vous prie de me pardonner.

LE DUC.

Oui, nous avons connu des jours heureux, et les larmes d'une sainte pitié ont mouillé nos paupières. Asseyez-vous donc dans des sentiments pacifiques, et disposez librement de tout ce qui est ici.

ROLAND.

Que Dieu récompense votre charité, bon vieillard! je n'en abuserai pas. (Il va auprès d'Adam*.) Dès que mon serviteur aura

---

* Adam, Roland, Jacques, *un peu en arrière,* le Duc, Rosalinde, Amiens.

repris ses forces, je poursuivrai mon chemin vers la demeure du duc exilé. Qui de vous pourra me l'enseigner ?

LE DUC.

Qui donc êtes-vous ?

ROLAND.

Je le dirai à celui que je cherche.

ROSALINDE, bas au duc.

C'est le fils de sire Roland des Bois, votre ami.

LE DUC, de même.

Oui, c'est sa vivante image !

ROSALINDE, de même.

Nous nous sommes vus un instant, il y a huit jours, et il est la cause de mon exil. Mais il n'en sait sans doute rien, et — il ne m'a pas encore regardée, — je veux essayer sur lui l'effet de mon déguisement. (Approchant de Roland.) Mangez donc aussi, puisqu'on vous le permet.

(Le duc parle bas à Jacques et à Amiens.)

ROLAND, à part.

O puissances célestes ! Rosalinde !

ROSALINDE.

Vous n'avez donc pas faim ?

ROLAND.

Moi... monsieur ? Non, vraiment, je n'y songe point.

ROSALINDE, à son père.

Il ne me reconnaît pas ! (Aux autres.) Que personne ne me trahisse ! (A part, tristement.) Je croyais qu'il m'aurait reconnue !

ROLAND, à part.

Il me semble qu'en feignant de la prendre pour un page, j'aurai le courage de lui parler ! (Voyant Jacques et Touchard qui s'approchent de lui.) Ah ! vous êtes ici ? Quels sont donc ces chasseurs et ce vieillard... (Il montre le duc.)

LE DUC, allant à Roland.

Je sais qui tu es, sache qui je suis;

ROLAND, se découvrant.

Le duc lui-même?

LE DUC.

Oui, donne-moi ta main, et viens avec nous. (A ses gens.) Conduisez ce vieux serviteur au manoir et prêtez-lui le secours de vos bras. (A sa fille, en souriant.) Beau page, faites ce que je vous ai ordonné, et vous viendrez me rejoindre. (Bas.) Chère fille, amène ici l'imprudente et généreuse Célia, je viendrai vous y retrouver. Tâchons que personne ne la voie, ou la voyant, ne sache qui elle est. (Haut.) Et nous, mes amis, reprenons notre chasse! elle sera belle si elle est pareille à la joie de mon cœur. (Il sort par le fond à droite avec Roland, Adam et une partie des serviteurs. Quelques seigneurs le suivent. Les autres se dispersent après avoir repris leurs armes. Amiens et Jacques restent au fond. Touchard et Audrey assis à droite.)

ROSALINDE, bas à Touchard, le touchant sur l'épaule.

Viens, suis-moi.

TOUCHARD, qui mange toujours.

J'étais fort bien ici!

ROSALINDE, l'appelant à elle du geste, et bas.

Il nous faut retourner vers Célia.

TOUCHARD, bas.

N'est-elle pas fort bien où elle est? Le bonhomme qui lui a donné asile est justement le père de cette fille d'esprit que vous voyez là, (il montre Audrey) laquelle me trouve beau et bien fait, et m'assure qu'à ma considération elle aura toutes sortes d'égards pour votre cousine.

ROSALINDE.

Je n'en doute pas; mais j'espère que tu n'as pas nommé Célia à cette fille? Allons! marche devant.

TOUCHARD.

Je crains de ne pas retrouver le chemin de cette masure! Allons!... Audrey! venez ici, Audrey! Conduisez-nous chez votre père. Marchez devant, je vous prie.

AUDREY, faisant la révérence.

Me voilà, messeigneurs! (Elle sort par la gauche, au premier plan; Rosalinde et Touchard la suivent.)

SCÈNE V.

AMIENS, JACQUES. (Quelques serviteurs occupés à enlever les restes du repas et les corbeilles.)

JACQUES, bas à Amiens. Ils descendent le théâtre en causant.

Oui, elle a fait cette équipée romanesque de suivre sa cousine, et nul pouvoir humain n'eût pu l'en dissuader.

AMIENS.

Eh! dites-moi, Célia est-elle aussi belle que Rosalinde?

JACQUES.

Que me demandez-vous là? Que m'importe à moi! Ce que je puis vous dire, c'est que la moindre gardeuse d'oies aurait montré plus de sens.

AMIENS.

Il est vrai qu'en venant trouver notre duc, elle l'expose à mille périls, et attire sur lui de nouvelles persécutions. Ne le lui avez-vous point remontré?

JACQUES.

Sans doute!... sans doute!... mais à défaut de jugement, de telles cervelles ont à leur service mille arguments de sentimentalité féminine... Bref, elle nous a suivis; elle est toujours près d'ici, dans ce pavillon à demi-ruiné, qui m'appartient, et où j'ai établi le père d'Audrey, mon ancien serviteur. Là, nous l'avons décidée à ne pas se montrer avant que le duc n'ait consenti à la recevoir, et nous l'avons laissée bien penaude, commençant à réfléchir.

AMIENS.

Je vois que c'est une personne fantasque. Sans doute, elle vous a fait bien enrager en route? Elle a eu mille caprices, mille frayeurs?...

JACQUES.

Non pas précisément; elle a même montré plus de courage

et de patience que je n'en attendais d'une femme habituée aux mollesses de la vie... On ne peut pas dire qu'elle manque d'une certaine amabilité... mais, en somme, je suis fort aise d'être délivré de cette compagnie. Le métier de servir les dames ne me convient plus, et il me tarde fort de me jeter dans les bras de ma chère maîtresse, Madame Solitude! (Il passe à gauche.)

AMIENS.

C'est me dire de vous laisser à vos rêveries.

JACQUES.

N'en soyez point offensé. Vous aimez la discussion, et moi, je la déteste!

AMIENS.

Vous aimez pourtant à contredire.

JACQUES.

J'aime encore mieux me taire.

AMIENS.

Et vous ne nous rejoindrez pas à la chasse? (Il va reprendre à droite son attirail de chasse.)

JACQUES.

Mon cher, vous le savez, c'est là une chose que je n'aime plus et que même j'arrive à détester autant que la discussion. N'est-ce point un amusement horrible que la chasse? Eh quoi! percer de vos épieux les biches innocentes et faire voler la mort avec vos traits, sur les beaux flancs frissonnants des daims tachetés? quelle boucherie! Se réjouir des larmes d'un pauvre cerf aux abois et voir sans pitié ses entrailles déchirées par une meute cruelle, son noble sang rougir les eaux limpides où il cherche un refuge contre la mort!... Quel spectacle! Ah! malheureux chasseurs, de quel droit traitez-vous ainsi les animaux, citoyens primitifs de ce territoire? Vous êtes des brigands armés contre des possesseurs légitimes, et de plus grands usurpateurs que ceux qui vous ont bannis de votre patrie!

AMIENS.

Fort bien, mais je vous quitte, car je craindrais de me lais-

ser persuader par vos discours et d'arriver, comme vous, au
dégoût de toutes choses. A revoir, mon cher rêveur. Maudissez
le ciel et les hommes, mais n'oubliez pas de venir souper avec
nous. (Il réveille le chanteur, assis à droite, et sort par le fond; Jacques s'assied à gauche.)

JACQUES, au chanteur qui va sortir.

Dis-moi, mon garçon, tu sais un peu chanter et jouer du
luth?

LE CHANTEUR.

Oui, monsieur, mais ma voix est enrouée aujourd'hui.

JACQUES.

Jamais chanteur n'a répondu autrement. Tu veux que je te
prie? Allons, je te prie, chante.

LE CHANTEUR.

Je ne sais rien qui puisse vous plaire.

JACQUES.

Je ne te demande pas de me plaire, mais de chanter.

LE CHANTEUR.

Je ferai mon possible, mais je crains de ne pouvoir trouver
un son. (Il accorde son luth.)

JACQUES.

Va toujours, nous connaissons ces manières-là.

LE CHANTEUR, d'une voix de tonnerre.

Le houx! le houx! oh! le houx vert!
Soufflez, soufflez, vents de l'hiver.

JACQUES.

Diable! j'aimerais mieux ouïr la tempête. J'aurais dû m'attendre à cela, puisque tu prétendais avoir perdu la voix.

LE CHANTEUR, chantant.

Le houx, le houx!...

JACQUES.

Assez, assez, mon ami, je te rends grâce. Va chanter à une
lieue de moi.

LE CHANTEUR.

Mais, monsieur, vous m'avez prié de chanter... (Chantant.)

Soufflez, soufflez...

JACQUES, se levant et lui donnant de l'argent.

Tiens, tiens, braillard! voilà pour te taire. Attends au moins, pour chanter la froidure, que l'été soit passé.

LE CHANTEUR.

Je vous remercie; je vous jouerai l'air sur mon luth.

JACQUES.

Oui, en t'en allant. Décidément, je n'aime la musique que de très-loin.

(Le chanteur sort, et on l'entend jouer, sur son luth, pendant le monologue de Jacques, un air simple et rustique. Le son va se perdant.)

SCÈNE VI.

JACQUES, seul.

Être seul!... philosopher, disent-ils. Non, vaine recherche, rêverie creuse! Mais contempler, entendre le ruisseau qui baigne les racines des vieux saules, arches moussues jetées sur le courant argenté! Surprendre le frôlement mystérieux du rouge-gorge dans les festons du lierre, parure splendide des tiges puissantes... O nature! toi seule parles une langue vraie, toi seule renfermes un enseignement divin! Quelle voix de femme peut devenir aussi harmonieuse que ces feuillages émus par la brise? Quel livre aussi savant que ces pierres, antiques témoins de la formation du monde? Quelles prières aussi éloquentes que ces bruits mystérieux de la solitude? Silence des bois, tu es musique et poëme! chants et discours des hommes, vous êtes néant et silence! (Il s'étend sur le tertre à gauche et s'assoupit.)

SCÈNE VII.

JACQUÉS, CÉLIA.

CÉLIA.

J'ignore où je suis, où je vais; mais les sons d'un luth m'ont attirée. (Voyant Jacques.) Ah!... si j'eusse attendu qu'il vînt me chercher, j'aurais attendu longtemps! (Le regardant dormir.) Ah! cœur froissé!... Voilà pourtant le sommeil paisible d'une conscience pure ! — Mais il faut qu'il me dise... (Elle lui jette des violettes au visage; Jacques s'éveille.)

JACQUES, se soulevant.

Quoi! c'est vous? Je vous voyais en songe... ou plutôt je vous entendais...

CÉLIA.

Dire quoi?

JACQUES, ramassant machinalement les violettes.

Rien qui vaille : les rêves sont une divagation; et pourtant vous n'étiez pas plus folle en songe que dans la réalité. (Célia fait la révérence.) Mais où allez-vous ainsi, toute seule? Est-ce pour cueillir et gâter ces pauvres violettes, que vous vous exposez... N'avez-vous point rencontré votre cousine?

CÉLIA.

Non! j'aurai pris un autre chemin. Ne la voyant pas revenir, je me suis inquiétée, impatientée un peu... Savez-vous si son père consent à me recevoir?

JACQUES.

J'en doute... et, après tout, je l'ignore!

CÉLIA.

Et après tout, cela vous est indifférent! (Elle s'assied sur une pierre à droite.)

JACQUES.

Eh bien! vous vous établissez là, quand Rosalinde...

CÉLIA.

Je suis fatiguée.

JACQUES, se levant.

Alors, je vais lui dire où vous êtes.

CÉLIA.

Vous me quittez?

JACQUES.

Je vous laisse en compagnie de ce ruisseau tranquille, où vous pourrez contempler ce que, en qualité de femme, vous considérez comme la merveille du monde : votre propre image.

6.

CÉLIA.

Ainsi, chevalier discourtois, vous m'abandonnez ici, sans crainte des loups ou des voleurs?

JACQUES.

Les bandits et les loups, pauvre fille, ne sont peut-être pas si redoutables que les pensées de ton propre esprit et les désirs de ton propre cœur.

CÉLIA.

Oh! l'aimable homme! Raison de plus pour ne pas me laisser en compagnie de moi-même! Voyons, monsieur Jacques, restez jusqu'à ce que vienne ma cousine. Je ne me soucie pas beaucoup de votre conversation, et je sais que vous haïssez la mienne; mais j'ai peur d'être seule, et je vous prie de ne pas trop vous éloigner.

JACQUES.

Oh! tyrannie des femmes, caprice égoïste! comme je me ris de ton empire! (Il va s'asseoir sur le devant à gauche.)

CÉLIA, à part.

Et pourtant le voilà qui s'arrange pour rester! (Haut, se levant.) Vous êtes bien, monsieur Jacques, sous cet arbre?

JACQUES.

On ne peut mieux! Oh! ici, grâce au ciel, il n'y a ni serviteurs, ni maîtres; ni sujets, ni princesses! Vous êtes libre de vous faire un trône de la première pierre venue et un dais de la première branche.

CÉLIA.

Quant à vous, vous êtes libre de vous rendormir. Moi, je parlerai toute seule, sans crainte de vous gêner, puisqu'il est certain que vous ne m'écouterez pas. (Elle remonte au fond.)

Beau ruisselet perdu sous les herbes fleuries,
D'où viens-tu? Le rocher t'a-t-il gardé longtemps
Dans son sein de granit? ou bien, dans les prairies,
T'es-tu formé des pleurs de l'aurore au printemps?
Ou bien des pleurs moins doux ont-ils grossi ton onde?
Et ce qui va creusant la ravine profonde,
Est-ce torrent d'hiver? source cachée au jour?
Est-ce pluie ou rosée? ou bien larmes d'amour?

(Elle est redescendue à droite.)

JACQUES, qui s'est relevé sur son coude pour l'écouter.

Mauvais! mauvais! archimauvais!

CÉLIA.

Quoi! vous m'écoutiez! Si j'avais pu le croire, je n'aurais point dit le dernier vers!

JACQUES.

Et vous eussiez bien fait, car je le déclare d'un goût détestable! Qu'est-ce que cette métaphore ampoulée? Demander à ce ruisseau s'il vient de source ou de pluie, je vous pardonne cela; mais supposer que des larmes d'amour puissent *grossir une onde* et *creuser un ravin*!... Voilà de vos exagérations à la mode, voilà des balivernes de vos poëtes de cour, qui font pâmer d'aise les beaux petits messieurs, et soupirer vos tendres cœurs de femmes!

CÉLIA.

Il se peut que le dernier vers soit hyperbolique. Mais il vous eût moins offensé s'il ne réveillait pas en vous le souvenir de quelque peine cruelle. (Elle s'approche de Jacques.) Allez, allez, beau stoïcien, si vous n'avez pas enflé le cours de ce ruisseau, c'est que vos pauvres yeux n'ont pas pu verser toutes les larmes dont votre cœur était gonflé!

JACQUES.

Où prenez-vous donc, madame, que j'aie eu un cœur si fondant et des yeux si arides?

CÉLIA.

Je prends cela dans la pitié que vous m'inspirez!

JACQUES.

Vous me plaignez? C'est trop de charité, vraiment!

CÉLIA.

Oh! oui, allez, je vous plains de vous défier de tout le monde.

JACQUES.

Où donc est mon malheur, s'il vous plaît?

CÉLIA.

Dans l'absence du bonheur de croire à quelqu'un.

JACQUES, après un moment de silence.

Voix de femme! musique à faire danser les fous! il y a longtemps que je ne t'écoute plus!...

CÉLIA.

Vous avouez que jadis cette musique vous empêcha de dormir?

JACQUES.

Je peux m'en confesser sans honte, puisque j'ai reconnu le néant de mon ivresse. (Se levant et passant à droite.) Jadis... jadis j'aimais les femmes comme les mouches aiment le miel; mais le feu d'amour dessèche l'entendement, et une âme sincère reçoit la mort quand elle rencontre la perfidie!

CÉLIA.

Alors, votre âme est morte!... Ce doit être une chose bien singulière que l'existence d'un corps sans âme? Vous êtes content d'être ainsi!

JACQUES.

Non, certes! Mon existence ne vaut pas un denier, et je la donnerais pour moins encore. (Il va s'asseoir à l'extrême droite.)

CÉLIA, appuyée sur une roche, près de Jacques.

J'ai envie de l'acheter! par curiosité!

JACQUES.

Qu'en feriez-vous?

CÉLIA.

Que voulez-vous que j'en fasse? Un jouet, puisque cela n'a aucune valeur. Voyons, combien au juste, me vendez-vous ce bout de mauvais fil que la Parque vous dévide et qu'il vous plaît d'appeler une existence?

JACQUES.

Je vous la céderais pour un couplet de chanson; mais il faudrait que le couplet fût bon!

CÉLIA.

C'est trop cher, contentez-vous d'un mot.

JACQUES.

Un seul? Soit; mais un mot raisonnable.

CÉLIA.

Alors approchez-vous, car il ne faut pas que les oiseaux l'entendent. Ils le répèteraient si haut que vous en deviendriez sourd.

JACQUES, près d'elle.

Voyons cette sage parole.

CÉLIA.

J'aime.

JACQUES, vivement.

Qui?

CÉLIA.

Oh! qu'est-ce que cela vous fait?

JACQUES.

C'est pour savoir si votre parole est sage ou folle, bonne ou mauvaise.

CÉLIA.

Et si elle ne s'adresse à personne?

JACQUES.

Alors c'est une parole creuse et qui n'a aucun sens. L'amour n'existe pas sans objet.

CÉLIA.

Eh bien! supposez la personne ou la chose que vous aimez. Ma parole sera sage à votre point de vue.

JACQUES.

Je vous l'ai dit, je n'aime... je ne veux aimer personne.

CÉLIA.

Qui n'aime personne s'aime trop soi-même, et si je vous aimais, vous me donneriez raison?

JACQUES.

Ah! Célia!... je me déteste plus que le genre humain tout entier; et, si vous m'aimiez... (Il passe à gauche.) je vous souhaiterais plutôt d'être morte que folle à ce point-là!

CÉLIA.

Rassurez-vous, j'aime... (Jacques la regarde fixement.) C'est le soleil que j'aime!

JACQUES.

Mais il ne peut vous payer de retour?

CÉLIA.

Qu'importe? il est beau, il est bon. Il ne nous dit rien, c'est vrai; mais il nous donne la vie. On peut donc l'aimer sans lui demander son amour, puisqu'il se doit à tout le monde et à toutes choses; à la petite herbe comme au grand cèdre, et à vous comme à moi! Qu'en dites-vous?

JACQUES.

A cela, je n'ai rien à répondre; ainsi, voilà que mon âme vous appartient?

CÉLIA.

Votre âme, non, vous n'avez pas d'âme, et votre corps, dépourvu de cœur, n'est plus qu'une ombre. C'est donc un fantôme que j'ai acheté; et, si cela m'amuse, vous ne me quitterez plus que par mon ordre, vous ne ferez plus un pas sans ma permission, vous ne parlerez même plus qu'à ma fantaisie. Vous riez?... pourquoi riez-vous?

JACQUES, riant et passant à droite.

L'idée est folle! O ma sombre existence!... un souffle de printemps!... Oui, le zéphyr est un éclat de rire, puisque le printemps est une fête!

CÉLIA.

Votre air dément tout à coup vos paroles! Voyons, Jacques! Est-ce une vraie envie de rire?

JACQUES, redevenu triste.

Non, Célia, c'est une envie de pleurer.

CÉLIA.

Ah! quand je vous le disais! une envie de pleurer votre âme défunte!

JACQUES, avec énergie.

Eh bien, pourquoi pas? Elle était grande, cette âme dont vous raillez le désastre! Elle embrassait l'univers dans ses rêves, elle eût voulu pouvoir embrasser le ciel dans une femme! Elle s'effraye aujourd'hui de ce qu'elle est capable de souffrir, et frissonne en voyant au fond d'un abîme, son passé sanglant et brisé derrière elle ! (Il tombe sur un siége.)

CÉLIA.

Ce passé brisé, c'est peut-être un mort que vous avez fait ! Le doute tue comme l'épée ! Prenez garde à vous, meurtrier de votre âme ! C'est grand dommage qu'elle ne soit plus, puis-qu'elle était si belle. Ce que vous en dites fait regretter qu'il n'en reste pas un peu que l'on pourrait plaindre... aimer peut-être !

JACQUES, se levant.

Aimer !...

CÉLIA.

On ne sait pas ! (Elle reste interdite.)

SCÈNE VIII.

CÉLIA, ROSALINDE, venant par le fond, JACQUES.

ROSALINDE, dans la coulisse.

Célia !... Célia !...

CÉLIA, tressaillant.

Ah ! voici, Rosalinde ! Eh bien ? ton père ?

ROSALINDE.

Touché de ton amitié pour moi, il voudrait te recevoir et te chérir comme sa seconde fille, mais lui, qui s'est laissé ravir la sienne, il recule devant l'idée d'une vengeance dont il a connu et senti la cruauté. Le vœu de son cœur t'appelle; l'arrêt de sa conscience te repousse.

CÉLIA.

Eh quoi ! à mon tour, je serai chassée et bannie d'auprès de toi ?

ROSALINDE.

Mon père ne s'arroge pas le droit de te bannir de ce terri-toire, dont une bien petite portion lui appartient. Il ne peut que te supplier...

CÉLIA.

Il consent donc à me voir ?

ROSALINDE.

Tu en doutes?

CÉLIA.

En ce cas, ma cause est gagnée. Je lui dirai des choses qu'il ignore, les terreurs qui assiégent quelquefois son frère, et qui me font toujours espérer l'heure du repentir... (Elle va près de Jacques.)

JACQUES, assis.

L'heure du repentir sonne pour tous les pécheurs; mais ce n'est qu'une heure, et quand elle est passée, la vie d'enivrement et d'oubli reprend son cours.

CÉLIA.

En ce cas, le devoir de ceux qui nous aiment est de nous forcer à réfléchir plus d'une heure. Ma fuite doit avoir cet effet sur mon père, et si mon absence se prolonge, je jure que, pour me ramener, il révoquera la sentence d'exil prononcée contre le duc et ses amis.

JACQUES, se levant.

Pour que cela eût lieu, il faudrait qu'il fût possible de vous tenir cachée ici, et comme vous n'aurez jamais cette prudence!...

CÉLIA.

Ah! taisez-vous, je vous prie, esclave; je ne veux plus de vous que des louanges. (Voyant Roland au fond.) Mais n'est-ce pas là notre jeune lutteur? Oui, je vois briller à son cou certaine chaîne...

JACQUES, à Célia.

Cachez-vous, si vous ne voulez pas qu'il vous reconnaisse.

CÉLIA.

Il est trop tard, il m'a vue.

SCÈNE IX.

ROSALINDE, CÉLIA, ROLAND, venant par le fond.
JACQUES.

ROSALINDE, à Roland, qui salue Célia.

Que voulez-vous, sire Roland, et pourquoi quittez-vous la chasse?

ROLAND.

Monsieur le page, je... je vous cherchais! et ma surprise est grande de rencontrer ici...

CÉLIA.

Monsieur, vous savez garder un secret, j'imagine. Je viens remplir, de la part de mon père, une mission auprès de mon oncle. (Elle va s'asseoir à droite.)

ROLAND.

Il suffit, madame. Dois-je avertir le duc?...

ROSALINDE *.

Oui, allez... attendez... restez! (Bas à Célia.) Croirais-tu qu'il ne me reconnaît pas? Je suis donc bien déguisée, bien méconnaissable?

CÉLIA.

C'est par discrétion, sans doute, qu'il fait semblant... Laisse-moi l'interroger. (A Roland.) Êtes-vous banni, monsieur, que nous vous rencontrons dans cette forêt?

ROLAND.

Je me suis banni moi-même. Voyant que j'avais déplu au maître et me sachant menacé d'ailleurs... Permettez-moi de taire mes infortunes et de n'accuser personne.

CÉLIA.

On doit vous savoir gré de cette réserve; mais peut-on, sans indiscrétion, vous demander si vous n'avez pas quelque peine de cœur qui vous rend l'exil amer?

ROLAND.

Madame, mon cœur est fort malade, et, en quelque lieu que je sois, il est condamné à la souffrance.

ROSALINDE, bas à Célia.

Je veux lui parler comme ferait un page effronté. (Haut.) C'est-à-dire que monsieur soupire pour quelque laideron qu'il croit belle.

* Roland, Rosalinde, Célia *assise*, Jacques.

CÉLIA.

Il se sera épris à première vue, comme on dit.

ROLAND.

Cela peut arriver à tout le monde. Il ne faut qu'un instant, un éclair...

JACQUES, railleur.

Oui, oui, un éclair de ses yeux, comme disent vos poëtes.

ROLAND.

Je connais peu les poëtes. Je voudrais avoir leur science.

JACQUES.

Pour chanter les attraits de...

ROSALINDE.

Comment se nomme-t-elle ?

ROLAND.

Son nom ne sortira jamais de mes lèvres.

CÉLIA.

Ah! vous convenez de votre amour ?

ROLAND.

Moi? je n'ai rien dit.

ROSALINDE.

Vous ne la nommez pas, mais vous pouvez la dépeindre? (Se mettant en face de Roland.) Est-elle grande ou petite?

ROLAND.

Page, vous êtes trop curieux.

ROSALINDE.

Il y a longtemps que vous l'aimez?

ROLAND.

Il n'y a pas longtemps, et je ne comprends pas que j'aie pu vivre avant de l'avoir vue.

ROSALINDE.

Êtes-vous bien sûr de l'avoir vue?

ROLAND.

Oui, et pourtant ce moment-là est pour moi comme un rêve

ROSALINDE.

Vous lui avez parlé?

ROLAND.

Non, je n'ai pas su lui répondre.

ROSALINDE.

Que vous disait-elle?

ROLAND.

Je ne sais. Mon sang criait dans mes oreilles.

ROSALINDE.

De quelle couleur sont ses yeux?

ROLAND.

De la couleur du ciel, car je les ai vus à travers un nuage.

ROSALINDE.

Je vous le disais bien, vous ne l'avez pas vue, et, si vous la cherchiez, vous ne sauriez pas la trouver.

ROLAND.

Pardonnez-moi, je la reconnaîtrais entre mille!

ROSALINDE, à Célia, bas.

Peut-on mentir avec plus d'impudence!

CÉLIA, de même.

Ou se moquer avec plus de malice!

ROSALINDE.

Peut-être que c'est toi qu'il aime! Jacques, ne le pensez-vous pas?

JACQUES, tressaillant.

Mais... peut-être!

CÉLIA.

Va, sois tranquille, il aime la plus belle.

ROSALINDE.

En ce cas, c'est toi!

CÉLIA.

Non, folle! c'est toi! Mais qui vient là? mon oncle, peut-être?

SCÈNE X.

Les Mêmes, TOUCHARD, effaré *.

TOUCHARD, venant par la gauche.

Sauvez-vous, sauvez-moi, sauvons-nous !

ROLAND.

Qu'est-ce donc ? un sanglier blessé...

TOUCHARD, à Célia.

Pis que cela ! Des gens envoyés à votre poursuite par monseigneur Frédéric.

JACQUES.

Où sont-ils ?

TOUCHARD.

Pas loin d'ici... mais ne courez pas, ne criez pas ; ils se reposent, ils devisent entre eux. Je les ai reconnus, je les ai écoutés ; ils sont sur vos traces, mais ils ne se croient pas si près de vous.

ROSALINDE, bas.

Ah ! tu le vois, Célia, on te rejoint déjà ! Viens chercher protection auprès de mon père !

CÉLIA.

Non ! Dieu me préserve d'attirer l'orage sur sa tête ! Je fuirai seule, adieu !

JACQUES.

Seule ? non pas !

(Ils veulent sortir par la droite et se trouvent en face de Charles.)

SCÈNE XI.

Les Mêmes, CHARLES **, avec une petite escorte de gens armés, à la livrée de Frédéric. L'escorte reste au fond. Célia s'enveloppe de son voile et se tient à l'écart en avant du théâtre avec Rosalinde effrayée. Touchard se blottit dans les rochers.

JACQUES, qui est au fond du théâtre, guettant l'approche de Charles.

Que cherchez-vous et que prétendez-vous ?

* Touchard, Roland, Jacques, Célia, Rosalinde.
** Charles, Jacques, Roland, *au fond,* Célia, Rosalinde, Touchard, *caché.*

CHARLES, montrant Célia.

Je prétends m'emparer de cette dame et la conduire dans le couvent le plus proche, en attendant que monseigneur...

JACQUES, allant à lui.

Achevez; quel est le sort que son père lui réserve?

CHARLES.

Cela ne regarde ni vous, ni moi, l'ami! Monseigneur est dans une si grande colère, qu'il m'a dit : « Ramène-la vivante ou morte; » c'est pourquoi...

JACQUES.

C'est pourquoi vous nous tuerez avant de toucher à un cheveu de sa tête.

CHARLES, levant son bâton.

Qu'à cela ne tienne !

ROLAND *.

Charles! à bas cette arme de vilain! Si tu as du cœur, tu tâcheras de prendre avec moi ta revanche. Souviens-toi...

CHARLES, reculant.

Ah !... c'est vous? — Le premier, le seul homme au monde qui m'ait terrassé ?

ROLAND.

Sans haine, comme sans orgueil, Charles! accepte donc un nouveau défi, et que cette noble capture (montrant Célia) soit le prix de la victoire.

CHARLES.

Jeune homme, tu m'as vaincu. (Il passe entre Roland et Jacques.) Je pourrais avoir mon tour, cette fois; mais, je ne veux pas l'essayer. Non, le lutteur qui a renversé Charles mérite l'admiration de l'univers, et Charles lui-même, connaissant qu'il n'a pu être terrassé que par un demi-dieu, n'ira pas contre le décret du ciel. (A son escorte.) Allons-nous-en; je m'étais trompé. Cette dame voilée n'est point celle que nous poursuivons, et c'est dans une autre partie de la forêt qu'il nous faut la chercher. (Il fait sortir son escorte et remonte un peu.) Mais je vous donne

---

* Charles, Roland, Jacques, Célia, Rosalinde.

7.

avis que je ne suis pas seul chargé de la poursuivre, et que je réponds de moi seul. Adieu. Méfiez-vous! (Il sort par le fond.)

SCÈNE XII.

ROLAND, ROSALINDE, JACQUES, CÉLIA, TOUCHARD, caché.

ROSALINDE, à Roland. Elle s'était cachée derrière Célia.

Oh! grâce à vous...

ROLAND.

Quelle pâleur! vous n'êtes pas brave, beau page.

ROSALINDE, bas à Célia.

Non, en vérité, je déshonore l'habit que je porte. Mais viens à présent, cousine!

JACQUES.

Non, puisque son père est capable d'une telle fureur contre elle, ce n'est pas dans votre manoir sans défense qu'elle doit attendre l'apaisement de cette colère aveugle.

CÉLIA, agitée, allant et venant.

Ah! je vois bien qu'il faut se soumettre à son sort. Laissez-moi rappeler Charles. La vanité de cet homme va jusqu'à l'héroïsme; il me reconduira sans violence à celui que je n'aurais pas dû quitter.

JACQUES, laissant éclater sa passion.

Non!... Je ne le veux pas, moi!... Je vous reconduirai plutôt moi-même... Mais il vaut mieux laisser passer l'orage, croyez-moi.

ROSALINDE.

Oui! oui!

CÉLIA, à Jacques.

Ainsi, à présent, vous souhaitez que je reste? Mais où irai-je?

JACQUES.

Je me charge de vous. Retournons à cette ruine dans la montagne. Sa situation la dérobe aux regards, et, avec quelques hommes à moi, je réponds d'en défendre longtemps le seul côté accessible.

ROSALINDE.

Quoi? seule, dans ce nid de vautours?

JACQUES.

Audrey la servira... et moi aussi... si cela est nécessaire. Allons! le temps presse!

TOUCHARD, sortant de sa cachette et montrant la droite.

Oui, oui! on vient par là!

JACQUES, montrant la gauche.

Venez donc par ici!

ROSALINDE, à Roland.

Suivez-les!...

JACQUES, vivement.

Non! Je n'ai pas besoin de lui!

CÉLIA, à Rosalinde, montant sur les rochers.

A revoir, si Dieu le permet! (A Jacques.) Mais pourrai-je vous suivre?

JACQUES, lui tendant la main.

Je vous porterai, s'il le faut. (Ils disparaissent. Touchard les suit.)

FIN DU DEUXIÈME ACTE.

ACTE TROISIÈME

A gauche, un pavillon de pauvre apparence, entouré de ruines. Arbres et rochers partout. Par une brèche, on voit la forêt. On est sur un site élevé et pittoresque. A gauche, sur le devant, un banc de pierre au pied d'un arbre. Au fond, un ravin, descendant de droite à gauche.

SCÈNE PREMIÈRE.

TOUCHARD, assis à gauche et buvant, AUDREY, debout près de lui.

TOUCHARD.

Certainement, ma chère Audrey, j'aimerais bien la vie rustique, si c'était une vie de citadin. J'aimerais bien la solitude, si l'on y avait nombreuse compagnie. Cette misérable demeure dans les rochers me plairait assez, si c'était un riche palais dans la plaine. La nourriture champêtre conviendrait à mon estomac, si c'était une table princière. Enfin, je ferais mes délices de ta conversation, si tu étais un peu poétique.

AUDREY.

S'il vous plaît? vous dites?

TOUCHARD.

Franchement, je regrette que les dieux ne t'aient pas faite poétique, Audrey.

AUDREY.

Je ne sais ce que c'est que poétique. Ce mot-là veut-il dire honnête en actions et en paroles? Est-ce un mot qui marque la sincérité?

TOUCHARD.

Non, la poésie n'est que fiction, c'est-à-dire mensonge.

AUDREY.

En ce cas, grand merci! Je prie Dieu de ne pas m'envoyer ce défaut-là. J'aime mieux être sage. (Elle s'éloigne à droite.)

TOUCHARD, se levant.

Tu me fais peur, Audrey, avec ta sagesse; mais, à tout événement, je veux me marier avec toi. (Il veut l'embrasser.)

AUDREY, passant à gauche.

Qu'est-ce que vous entendez par événement?

TOUCHARD.

Les événements... les événements, ma chère Audrey, sont ce qui embellit la physionomie des gens mariés. On prétend qu'il y a des riches qui ne connaissent pas la limite de leurs biens; de même, il y a des maris qui ne connaissent pas la fin de leurs événements. Mais pourquoi redouter cela? N'y a-t-il que les pauvres qui en aient? Les plus nobles têtes s'en font-elles faute? Et si c'est une mode bien portée, pourquoi s'en priverait-on? Le front nu d'un célibataire manque de majesté. La grandeur des événements fait les grandes destinées, et les grandes destinées font les grands hommes. Donc, à tout événement, Audrey, je t'épouse.

AUDREY.

Moi?

TOUCHARD.

Toi! (Il veut l'embrasser.)

AUDREY, repassant à droite.

Mais que dira Guillaume?

TOUCHARD.

Ah! il s'appelle Guillaume, l'auteur de mes événements?

AUDREY.

Je ne vous entends point. Guillaume est celui qui me voulait épouser; mais il n'a point de droits sur moi.

TOUCHARD.

Et... est-il fort, Guillaume?

AUDREY.

Mais, oui. Il est fort bûcheron pour abattre et dépecer un arbre.

TOUCHARD.

Et... il est méchant, Guillaume?

AUDREY.

Non, quand on ne le fâche point.

TOUCHARD.

Et... est-il brave, Guillaume?

AUDREY.

Oui, il est brave quand on ne lui fait point peur. Tenez, le voilà qui vient.

TOUCHARD, effrayé.

Pourquoi vient-il? Jacques disait que nous serions ici en sûreté?

AUDREY.

Oh! c'est qu'il sait le chemin, Guillaume! Il est au service de M. Jacques.

SCÈNE II.

AUDREY, TOUCHARD, GUILLAUME, venant du ravin.

TOUCHARD, payant d'audace.

Bonjour à toi, Guillaume.

GUILLAUME, sans le regarder.

Bonjour à toi, Audrey. Comment ça va, Audrey? (Il va pour l'embrasser.)

TOUCHARD, se mettant devant Audrey.

Merci, Guillaume, ça ne va pas trop mal; et toi, Guillaume?

GUILLAUME, étonné.

Vous êtes bien honnête, monsieur; mais...

TOUCHARD, d'un air majestueux.

Couvre-toi, je te prie, Guillaume; sans façon, je t'en prie, mon garçon, couvre-toi.

GUILLAUME, interdit, ôtant son bonnet

Bonjour à vous, messire; mais cependant...

TOUCHARD, l'empêchant d'approcher d'Audrey.

Tu as une bien belle mine, Guillaume. Quel âge as-tu donc?

GUILLAUME.

Vingt-quatre à vingt-cinq ans, messire. Mais je vous prie...

TOUCHARD, même jeu.

C'est un bel âge, Guillaume. Es-tu riche?

GUILLAUME, voulant toujours s'approcher d'Audrey.

Ma foi, monsieur, comme ci, comme ça. Mais je voudrais bien savoir pourquoi...

TOUCHARD.

Comme ci, comme ça, est une belle réponse, Guillaume. Tu es intelligent?

GUILLAUME.

Ma foi, monsieur, je ne suis pas sot, et je vois bien que...

TOUCHARD.

Il paraît que tu es amoureux d'Audrey, Guillaume? (Il embrasse Audrey au front.)

GUILLAUME, hésitant.

Oui, monsieur, avec votre permission.

TOUCHARD, s'enhardissant.

Sais-tu le latin, Guillaume?

GUILLAUME.

Non, monsieur, je n'y connais goutte.

TOUCHARD.

Tu connais au moins un peu de magie?

GUILLAUME, inquiet et regardant Touchard avec méfiance.

Non, monsieur. Grâce au ciel, je...

TOUCHARD.

Eh bien! écoute un peu cette formule. Je suis *ipse*, c'est-à-dire *lui*, c'est-à-dire *celui qui* épouse cette jeune fille, et qui t'ordonne d'y renoncer, c'est-à-dire de t'en aller... Et si tu hésites, je déclare que tu es un imbécile et que tu périras, c'est-à-dire que tu seras occis. Comprends-tu? Non? Eh bien! cela signifie que je te donne ton congé... (marchant sur lui) que si tu ne t'en vas pas d'ici, je te fais déguerpir de ce monde, que je conspire contre tes jours, que je trame sourdement ta ruine, que j'accomplis ta mauvaise destinée, que j'éteins le flambeau de ta vie, que je te plonge dans la nuit de la tombe... Comprends-tu? Non? (Le faisant tourner et le poursuivant.) Eh bien! cela veut dire que j'emploie contre toi le fer, le feu, le poison, la torche et le

bâton. Je te tue, en un mot, de cent cinquante manières diffé-
rentes. C'est pourquoi tremble!... et va-t'en!

AUDREY, effrayée aussi. (Guillaume est terrifié.)

Oui, oui, va-t'en mon bon Guillaume!

GUILLAUME, épouvanté.

Dieu vous conserve en joie, messire.(Il s'enfuit en sautant dans le
sentier du fond.)

SCÉNE III.

AUDREY, JACQUES, qui est entré avant la fin de la scène précédente,
TOUCHARD. (Il se tord de rire, assis à droite.)

JACQUES.

Eh bien! bouffon, te voilà bien fier d'avoir mis ce gros garçon en fuite avec ta figure insolente et tes airs étranges?

TOUCHARD.

Ah! c'est vous, mon camarade, le fou mélancolique? Ne trou-
vez-vous pas que je suis un fou délicieux? Vous voyez quels
tours je sais faire?

JACQUES.

De mauvais tours de ton métier.

TOUCHARD.

Du moment qu'ils sont de mon métier, ils sont bons! Ah!
nous aurons de grands comptes à rendre, nous que le ciel dota
d'une intelligence supérieure, dans le but évident de faire le
plus de tort possible à ceux qui sont dépourvus de finesse!

JACQUES.

Blasphémateur!... Mais, hélas! voilà, en effet, l'emploi de
l'esprit en ce triste monde! c'est le tyran qui opprime la simplicité!

TOUCHARD.

Et vous plaignez les imbéciles, à présent?

JACQUES.

Non! car il vaut encore mieux être la dupe que le contemp-
teur!

TOUCHARD.

Vous ne disiez point comme ça, il y a quelques jours; vous étiez fin renard...

JACQUES.

En paroles!

TOUCHARD.

Et vous prenez en main la cause des poules? Eh bien, je me convertis, à votre exemple; je me marie, j'épouse la cause des dupes; (Il passe à l'extrême gauche.) je choisis cette gardeuse de troupeaux, et tel qu'Apollon chez Admète, j'accepte en galant homme, la suite des événements! (Il prend Audrey sous le bras.)

JACQUES.

C'est-à-dire que tu ris de l'amour comme du reste? Se marier sans confiance, ce n'est pas s'unir, c'est se joindre comme ces panneaux de bois vert qui, en séchant, se déjettent et se séparent.

AUDREY, à Touchard, en quittant son bras. (Elle a écouté Jacques avec attention.)

Est-ce que vous ne voulez pas m'épouser sérieusement?

TOUCHARD.

Si fait! J'en veux prendre à témoin ce gentilhomme philosophe, les branches de ces arbres, et la barbe de tes chèvres!

AUDREY.

Ça n'est point là un bon mariage, allons à la chapelle du duc.

TOUCHARD.

Non, Audrey; le chapelain du vieux duc est un hérétique; mes principes ne me permettent point...

AUDREY.

Non, monsieur, il n'est point ce que vous dites. C'est lui qui marie tous les seigneurs exilés, et puisque vous dites que vous êtes gentilhomme...

TOUCHARD.

Je le suis, et des meilleurs, ma chère Audrey!

JACQUES, qu'Audrey regarde avec anxiété.

Il te trompe, ma pauvre fille! La preuve, c'est qu'il veut

8

t'épouser sous un buisson, comme un vagabond qu'il a toujours été.

AUDREY, à Touchard.

En ce cas-là... adieu, monsieur! Vous m'avez voulu tromper, je vais me raccommoder avec Guillaume, et le prier de vous battre! (Elle passe à gauche.)

TOUCHARD, effrayé, la retenant.

Non, non, Audrey, tu ne feras point pareille chose!

AUDREY, se dégageant de Touchard avec un soufflet.

Oui, oui, messire, vous m'épouserez bel et bien, où vous serez bel et bien battu. (Elle s'enfuit par le ravin.)

JACQUES.

Et ces airs de capitan! cette intelligence départie par le ciel! Te voilà tout tremblant. Ah çà, bouffon, ta maîtresse est-elle disposée à me recevoir?

TOUCHARD, montrant la maison.

Allez-y voir, je ne m'en inquiète point. Pourquoi diable avez-vous détrompé cette fille qui me voyait d'un bon œil?

JACQUES.

Je n'aime point les mauvaises actions, mon ami, et si ton esprit ne te rendait stupide, tu me remercierais de t'en épargner une entre mille.

TOUCHARD.

Faut-il vous remercier aussi pour les coups de poings que ce rustre de Guillaume va peut-être appliquer à mon dos de gentilhomme?... Serviteur! je vais chercher dans quelque grotte profonde, ou dans quelque feuillage épais un abri contre l'insolence des manants. (Il sort par le fond à droite.)

SCÈNE IV.

JACQUES, seul, s'approchant de la maison.

Célia! Célia!... qu'y a-t-il dans ce nom qui résonne autrement que dans tout autre? Est-ce une douceur qui charme l'oreille? est-ce une clarté qui passe devant les yeux?... Le temps devrait se mesurer au nombre de nos peines et au poids de nos afflictions, et pourtant il ne faut qu'un jour pour alléger de dix années le fardeau de la douleur farouche et de l'amère expérience !

SCÈNE V.

JACQUES, DEUX VALETS pauvrement vêtus, apportant divers objets et venant du ravin.

JACQUES.

Ah! vous voilà! vous vous êtes bien fait attendre; n'avez-vous rencontré aucune figure étrangère?

LE VALET.

Des gens que nous ne connaissons point nous ont demandé poliment le chemin du manoir ducal.

JACQUES.

Ils n'ont pas fait d'autres questions?

LE VALET.

Non, messire.

JACQUES.

Portez ce luth et ces livres dans la maison. (Un valet entre dans la maison.) Laissez là ce tapis, cet éventail et ces coussins. Allez! (L'autre valet sort par le ravin.) C'est là qu'elle aime à s'asseoir, à l'heure où le soleil baisse. Puisqu'elle a quitté un trône pour suivre ici les pas de l'infortune, faisons-lui de ces rochers un lit moins âpre, et que ses pieds délicats puissent reposer sur un sol plus moelleux ! (Il a disposé, en parlant, le tapis et les coussins sur les rochers, à droite; il pose le miroir garni de plumes sur un des coussins.)

SCÈNE VI.

JACQUES, ROLAND, venant du ravin.

JACQUES, avec humeur.

Quoi! vous ici? Mes gardes vous ont laissé monter le sentier?

ROLAND.

Oui, je leur ai dit mon nom; ils savent bien que je ne suis point un ennemi de la noble Célia.

JACQUES.

On n'a rien appris aujourd'hui du duc Frédéric au manoir de son frère ?

ROLAND.

Errant dans la forêt depuis ce matin, je l'ignore.

JACQUES, l'observant.

Vous avez erré... vous avez l'air d'une âme en peine !

ROLAND.

Fort en peine, je vous assure. Je voudrais... Je venais vous trouver pour cela... vous que l'on dit savant dans les lettres... Mais vous vous moquerez de moi ! N'importe, je voudrais faire des vers.

JACQUES, brusquement.

Eh bien ! faites-en.

ROLAND.

Oui ; mais je ne sais pas bien les lois de la versification. Les idées me viennent, mais la forme...

JACQUES.

Si vous avez des idées, ne faites point de vers. Depuis long-temps on a reconnu que cela gênait la mesure et la rime.

ROLAND.

Pourtant, je vois les jeunes gens qui entourent le duc, et le vieux duc lui-même, rimer des pensées agréables ou sérieuses, et je rougis de mon ignorance. J'ai essayé... mais je ne sais combien de fautes j'ai pu faire. Si vous vouliez... (Il cherche dans sa poche.)

JACQUES, soupçonneux.

Pour qui ces vers ? Voyons !

ROLAND, cherchant toujours.

Inutile de vous dire... mais je les ai donc perdus ?... N'importe, je les sais par cœur.

JACQUES.

Dites.

ROLAND.

M'écouterez-vous ?

JACQUES.

Je tâcherai. (Il s'assied à gauche.)

ROLAND *.

Bonnes gens, oyez la merveille !
L'Amour, petit comme une abeille,
Est venu cacher dans mon cœur
Et son venin et sa douceur.
Avec ses ailes il m'évente,
Avec ses pieds il me meurtrit ;
Le long du jour, il me tourmente,
Et me berce toute la nuit.
Au pied de mon lit il se pose ;
Mon genou lui sert d'oreiller ;
Et là, feignant de sommeiller,
Il me dit la plus douce chose
Que jamais mortel entendit.
Au réveil, il se contredit,
Ou bien reste la bouche close,
Se repaissant de mon dépit.
Si je veux chanter en cachette,
Le voilà qui me prend mon chant.
Sitôt que ma chanson est faite,
Il me l'emporte en se moquant ;
Puis, il revient et me console,
Et me parle bien doucement ;
Il dit : *Espère*, et puis s'envole,
Et me laisse là tout pleurant.
Et je lui passe ses malices,
Car je me plais à ces tourments,
Et ma peine fait mes délices...
Émerveillez-vous, bonnes gens !

(A Jacques, qui regarde vers la maison.) Eh bien ! sont-ce des vers ?

JACQUES.

Faites-en beaucoup comme cela, et vous fournirez de devises ces personnages de tenture, de la bouche desquels on voit sortir des paroles écrites. Cela s'appelait, dans ma jeunesse, rimer en style de tapisserie.

ROLAND.

Corrigez-moi, au lieu de me railler. La moquerie n'enseigne rien.

* Ces vers sont imités de Thomas Lodge, dans la ballade d'où Shakspeare a tiré sa pièce.

8.

JACQUES.

Pour qui sont ces prétendus vers? De qui êtes-vous amoureux? Que venez-vous chercher ici?

ROLAND, piqué.

Vous m'adressez trois questions à la fois? Je vous ferai donc
trois réponses. Mes vers sont pour une femme, je suis amoureux d'une femme, je viens ici pour parler à une femme. (Il va
vers la maison.)

JACQUES, vivement, l'arrêtant.

Eh bien! apprenez qu'une femme, qu'elle soit bergère ou
princesse, ne reçoit point tous ceux qui se présentent, et que le
seuil de sa demeure, palais ou chaumière, est sacré pour un
galant homme. Vous voyez que moi, gardien et serviteur de
Célia, j'attends ici mon audience.

ROLAND.

Vous avez raison, monsieur, je méritais cette leçon, et je
vous remercie de me la donner.

JACQUES.

Roland, votre caractère est impétueux, mais votre esprit se
plie docilement à la délicatesse. Dites-moi sincèrement si vous
êtes amoureux de Célia ou de sa cousine?

ROLAND.

Et dites-moi, vous, si votre curiosité est bien délicate?

JACQUES, avec dépit.

Quoi! vous me trouvez bon pour me confier votre amour,
pour entendre vos madrigaux, et vous me trouvez trop curieux... Mais allez! je suis bien fou de vouloir vous épargner
une sottise!... Allez! soupirez pour Célia!... Dites-lui votre
martyre en prose ou en vers, elle se moquera de vous, et vous
n'aurez que ce que votre audace mérite!

ROLAND.

Je sais que je suis un esprit inculte, que je sais mal parler
et plus mal écrire; mais quand on dit ce que l'on pense, on
est toujours compris, et quand on aime de toute son âme, on
peut intéresser une âme généreuse,

JACQUES, à part.

Hélas ! cet enfant dit peut-être la vérité ! Aimer de toute son âme, est-ce donc là tout le secret pour être aimé ? (Célia est sortie de la maison, Roland est allé au-devant d'elle.)

SCÈNE VII.

JACQUES, CÉLIA, ROLAND.

CÉLIA, riant.

Sire Roland avec le gouverneur de mon château ? Vous a-t-il enrôlé à mon service, monsieur ? Faites-vous partie de ma garnison ?

JACQUES.

Non ! c'est en courtisan qu'il se présente à votre cour.

CÉLIA, montrant la maison et les rochers.

Qu'il y soit le bienvenu ! Vous voyez, monsieur, quel luxe environne notre personne ducale ! quel palais nous habitons, quels jardins fleurissent sous nos yeux !... Eh mais, pourtant ! voici un trône... (Elle approche du tapis et des coussins.) et même... (Elle prend l'éventail.) C'est vous, sire Roland, qui nous avez apporté ces présents ?

ROLAND.

Non, madame, sans doute le duc, votre oncle...

CÉLIA, soulevant un angle du tapis et le regardant.

Oui, il aura dépouillé son pauvre manoir pour enrichir mon ermitage. Mais ces armoiries, ce sont les vôtres, Jacques ?

JACQUES.

Cela se peut. J'habite la demeure de votre oncle. On aura pris dans mon appartement...

CÉLIA, le regardant avec une tendresse enjouée.

A votre insu ? Et ces livres, ce luth, ces étoffes que je viens de recevoir, c'est aussi le duc qui me les envoie ?

JACQUES, montrant Roland avec humeur.

Ou bien, c'est lui qui vous cache sa galanterie !

CÉLIA, avec malice.

Ah ! sire Roland, je vous en suis bien reconnaissante ! Or

donc, puisque nous avons un siége digne de nous, nous vous donnons audience. (Elle s'assied sur le tapis qui est étendu sur le banc de rochers, à droite, joue avec l'éventail, et s'en sert pour regarder Jacques, en se cachant la figure.) Parlez-moi d'un certain page... que j'aime beaucoup! J'aurais cru qu'il viendrait me voir... de la part de mon oncle. Ne peut-il venir ici sans danger?

ROLAND.

Il doit venir ici aujourd'hui même.

CÉLIA.

Ah! je comprends votre visite!

ROLAND.

Madame, permettez-moi de vous parler en secret!

CÉLIA, à Jacques.

Un peu plus loin de nous, esclave! (Jacques va s'asseoir avec un dépit mal caché à l'autre bout de la scène. —A Roland.) Voyons, dites-moi la vérité. Que pensez-vous de ce beau page?

ROLAND.

Ah, madame! à vous seule j'oserai répondre. Je venais vous supplier de lui dire un peu de bien de moi...

CÉLIA.

Oh! que vous savez bien lui en dire vous-même!

ROLAND.

Hélas! non. Je ne sais rien lui dire de moi, sinon que j'aime!... Et comme il connaît beaucoup Rosalinde, comme il m'a dit avoir accès auprès d'elle, j'espère qu'il lui répètera mes paroles!

CÉLIA.

Quoi? ignorez-vous que Rosalinde...

ROLAND.

Est cachée au manoir de son père, et ne se montre qu'à lui? Voilà ce que le page, ce que tous les amis du vieux duc m'ordonnent de croire, tout en riant de ma simplicité? Rosalinde elle-même... c'est-à-dire le page...

CÉLIA.

Ah! prenez garde à ce jeu-là! (Jacques se lève agité et va au fond, à gauche.) Rosalinde, vous voyant si aveugle, s'imaginera que vous ne l'aimez qu'en rêve.

ROLAND.

Elle croit même que je ne l'aime pas du tout, car je n'ai pas voulu lui nommer l'objet de mon amour.

CÉLIA.

Pourquoi cela?

ROLAND.

Parce qu'elle m'eût ordonné de me taire.

CÉLIA.

En êtes-vous bien sûr?

ROLAND.

Ah! madame, si j'en étais bien sûr, je mourrais! Mais j'ai si grand'peur de l'offenser!

CÉLIA.

Je m'intéresse à vous, puisqu'il y a tant de respect dans votre attachement pour elle... Mais que fait donc Jacques?

ROLAND, regardant Jacques qui frappe nerveusement le rocher avec une baguette, sans songer à ce qu'il fait.

Jacques est jaloux, madame!

CÉLIA.

Ah bah! Vous croyez! De qui donc?

ROLAND.

De vous! Il vous aime; il en perdra l'esprit.

CÉLIA.

Où prenez-vous...

ROLAND.

Oh! cela est bien facile à voir, et je vous jure...

CÉLIA.

Assez, monsieur! Comme il me dit cela!...

ROLAND.

Pourquoi chercher des détours! Je dis ce qui est. Aimez-le, madame, il est très-malheureux!

CÉLIA, à part, regardant Jacques qui s'approche.

Pauvre Jacques! si tu avais la naïveté de ce jeune homme!

JACQUES, irrité, à Roland.

C'est bien assez me regarder en parlant, et provoquer le sourire de pitié que madame m'accorde en écoutant le panégyrique qu'il vous plaît de lui faire de moi! Il serait plus honnête et plus brave de me critiquer en face, et je vous prie d'avoir cette franchise... ou ce courage!

CÉLIA.

Quoi! vous entrez en révolte, je crois?

JACQUES.

Contre vous? Non! Mais je prie sire Roland de dire tout haut ce qu'il vous disait tout bas à propos de moi.

ROLAND.

Et vraiment, je le veux bien! Je disais que vous...

CÉLIA, à Roland.

Pas un mot de plus, monsieur, je vous le défends!

JACQUES, tirant son épée.

Eh bien... eh bien, monsieur, vous me rendrez raison de cette offense!

CÉLIA.

Comment? vous, l'ennemi des querelles! vous à qui le sang fait horreur!...

JACQUES, avec douleur, laissant retomber son épée.

Ah! le ciel m'est témoin qu'après avoir tué des hommes, mes semblables, pour des misères, pour une gageure, pour moins encore, pour des femmes sans pudeur et sans prix, j'avais juré de ne plus jamais faire briller au soleil la lame d'une épée...

CÉLIA.

Rendez-moi donc la vôtre, Jacques. Je le veux!

JACQUES, avec violence.

Ah! vous craignez pour lui!... Je le vois bien!

CÉLIA.

Jacques! rendez-moi votre épée, je l'exige! Je suis votre souveraine, obéissez-moi!

JACQUES.

Non! vous n'êtes pas ma souveraine, car vous ne m'aimez pas!

SCÈNE VIII.

JACQUES, CÉLIA, ROSALINDE, ROLAND.

(Rosalinde paraît au fond, Célia va au-devant d'elle et lui parle bas.)

ROLAND, à Jacques.

Mais si je vous jure que je ne lui disais point de mal de vous?

JACQUES.

La raillerie nuit plus que le blâme, et je l'ai vue sourire.

ROLAND.

Si vous persistez à ne pas me croire, c'est un démenti que vous me donnez, et je ne reculerai pas devant votre défi.

JACQUES.

Allons donc! vous voyez bien que je vous attends!

ROLAND, perdant patience.

Soit! Votre entêtement m'afflige, mais je ne saurais supporter un démenti.

CÉLIA.

Arrêtez, Roland; voici quelqu'un qui vous défend cette violence.

ROLAND, voyant Rosalinde.

Ah! (Il dépose son épée aux pieds de Rosalinde.)

CÉLIA, à Jacques.

Voilà votre ennemi désarmé : Rosalinde a plus de pouvoir sur lui que je n'en ai sur vous.

(Jacques remet son épée au fourreau.)

ROSALINDE.

Vous êtes d'humeur querelleuse, sire Roland!

ROLAND.

Rosalinde, ne croyez pas...

ROSALINDE.

Quoi? vous me connaissez, monsieur? je pensais que vous ne m'aviez jamais regardée?

CÉLIA.

Pardonne-lui sa ruse, il se moquait de toi!

JACQUES.

Il aime fort le persifflage; une leçon lui sera utile.

CÉLIA.

Quoi! vous persistez? (A Rosalinde.) Cousine, il faut mettre fin à cette querelle et dire ici la vérité.

ROSALINDE.

La vérité? je la demande. (Montrant un papier plié.) Pour qui sont ces vers que sire Roland confie aux vents de la montagne. (Lisant.) « A celle que j'aime!

» L'amour petit comme une abeille... »

(A Roland.) Ah! c'est là votre écriture et votre orthographe? Vouloir rimer et savoir à peine écrire! Mais à qui s'adresse ce chef-d'œuvre?

JACQUES, montrant Célia.

A madame. Vous voyez qu'on n'ose pas le nier!

ROLAND, à Célia, qui lui fait signe de parler.

Non, en vérité, je n'ose pas.

CÉLIA, à Rosalinde.

J'oserai donc pour lui. C'est toi qu'il aime. (Fanfare.)

ROSALINDE, railleuse.

Je n'en crois rien.

JACQUES, dépité.

Ni moi non plus.

ROSALINDE.

Nous le confesserons plus tard. Quelqu'un vient ici.

SCENE IX.

Les Mêmes, TOUCHARD.

TOUCHARD.

Nouvelles! nouvelles! grandes nouvelles! (Jacques va regarder au fond.)

CÉLIA.

Qu'est-ce donc?

TOUCHARD.

Monté sur la cime d'un arbre où j'avais été prendre le frais, j'ai vu accourir dans un flot de poussière, un cavalier couvert d'écume, sur un cheval dont j'ai reconnu la figure, et...

CÉLIA.

Trève de folies! D'où vient cette fanfare?

JACQUES, à Célia.

C'est votre oncle qui vient ici.

TOUCHARD.

Oui, c'est le vieux duc... O néant des choses humaines! L'un monte, l'autre descend!... Un prince jette son sceptre aux orties...

CÉLIA.

Que dis-tu? mon père... (Elle remonte au-devant du duc.)

TOUCHARD.

Votre père n'en est pas plus malade pour cela; mais bien des fortunes vont être changées! Moi, je vas demander la seigneurie des Ardennes, et faire pendre mon petit Guillaume.

SCÈNE X.

Les Mêmes, LE DUC, AMIENS.

LE DUC, à Célia.

Oui, ma chère nièce, mon frère s'est remis en paix avec lui-même.

CÉLIA.

Il abdique, il se repent?

LE DUC.

Il vous rappelle pour vous bénir, il me restitue mes biens. Cette lettre qu'il m'écrit de sa propre main... *

JACQUES.

N'est-ce point un piége pour ramener sa fille?

CÉLIA.

Non, mon père ne fut jamais fourbe.

LE DUC.

Hélas! revoir le monde et recommencer les jours d'une amère expérience! Jacques, mon sévère conseiller, que ferais-tu à ma place?

JACQUES, passant au duc.

Le monde n'est que vanité, l'homme n'est que folie; mais, plus le mal est grand, plus le médecin a de zèle. Monseigneur, vous avez trouvé ici la sagesse et la science; ce sont des dons de Dieu qui ne doivent pas demeurer stériles. Allez donc enseigner ce que vous avez appris, et que la vérité, cette plante précieuse et rare, découverte dans la solitude et cueillie dans la méditation, devienne entre vos mains le dictame versé sur les misères humaines!

CÉLIA.

Ainsi ma Rosalinde, ma princessse, ma souveraine! Je te vais prêter foi et hommage! mais tu permettras (Elle fait signe à Roland.) qu'un de mes amis prenne ma place à tes genoux.

LE DUC, d'un ton sévère.

Attendez, sire Roland! je sais que vous osez aspirer à toucher le cœur de ma fille. Vous portez un beau nom, un nom qui m'est cher, mais j'ignore si votre conduite mérite mon estime.

ROLAND, vivement.

Quelqu'un peut-il m'accuser d'une action lâche ou mauvaise?

* Jacques, Célia, le Duc, Rosalinde, Roland.

LE DUC.

Oui, monsieur, quelqu'un vous accuse et vous réclame. (A Amiens.) Faites approcher la personne qui, tout à l'heure, dans la forêt, m'a remis la lettre de mon frère.

ROLAND.

Qui donc ose prétendre... (Il va impétueusement au-devant d'Olivier, qui paraît.)

SCÈNE XI.

LES MÊMES, ADAM, OLIVIER, avec quelques hommes à lui, qui tiennent Adam, les mains liées, AUDREY, GUILLAUME, CHARLES, suite et amis du duc*, paysans, etc.

ROLAND.

Quoi ! mon frère aîné... et mon vieux Adam ?... Monsieur, pourquoi cet indigne traitement au fidèle serviteur de notre famille ! (Tirant son couteau de chasse et approchant d'Adam.) Ah ! je couperai ces liens qui meurtrissent ta chair !

LE DUC, à Roland.

Arrêtez, monsieur. Vous êtes trop habitué à compter sur vous seul. Il vous faut respecter d'autres lois que celles de votre volonté. (A ses gens, montrant Adam.) Déliez cet homme; mais qu'il soit gardé. Je ne l'ai encore ni condamné ni absous. (On délie Adam. — A Olivier.) Parlez, messire Olivier des Bois; que reprochez-vous à ce vieillard?

OLIVIER.

Monseigneur, je lui reproche de m'avoir dérobé de l'argent pour aider ce jeune homme à fuir et à assouvir ses mauvaises passions.

ADAM.

Aussi vrai que le ciel est au-dessus de la terre, je jure que j'ai fidèlement gagné au service de mon vieux maître l'argent que j'ai supplié son jeune fils d'accepter pour se soustraire par la fuite à... Mais je ne veux rien dire de plus; lui aussi est le fils...

---

* Célia, Rosalinde, Charles, Roland, Olivier, le Duc, Seigneurs.

ROLAND.

Tu as raison, mon ami; cachons nos peines, et justifions-nous simplement. Monseigneur, j'ai quitté mon frère pour venir me mettre à votre service, et ce n'est pas en quelques jours d'une marche pénible et rapide que j'aurais pu me conduire en méchant homme.

OLIVIER.

J'ai donné ces raisons pour vous en épargner de pires. Puisque vous m'y forcez, je dirai tout. Vous m'avez menacé, vous avez voulu attenter à ma vie!

JACQUES.

Cela est faux, messire ; c'est le contraire qui a eu lieu.

LE DUC, bas à Jacques.

Attendez, mon ami, je veux éprouver ces deux frères. (Haut.) Parlez, Olivier.

OLIVIER, à Roland.

Nierez-vous que vous ayez porté la main sur moi et tenté de m'étrangler?

JACQUES.

Non, messire, il n'a fait que se défendre, et il vous a pardonné. (Au duc.) J'étais présent.

LE DUC, à Olivier, montrant Jacques.

Olivier, vous êtes accusé par une personne digne de foi. Je vous condamne!

ROLAND.

Non, monseigneur, ne vous mêlez pas de cela, je saurai bien me défendre moi-même de son aversion.

LE DUC.

Mais moi, monsieur, je suis souverain et justicier, à cette heure. (A ses gens.) Emparez-vous de lui, (Il montre Olivier.) et qu'il soit précipité du haut de cette roche.

ROLAND, s'élançant.

O ciel! arrêtez! il est mon frère!

CHARLES, sortant du groupe qui accompagnait Olivier à son entrée, et qui l'abandonne avec empressement aux gens du duc.

Moi aussi, je rendrai témoignage contre lui. Il voulait me payer votre mort !

ROLAND.

Ah ! ne voyez-vous pas que vous serez cause de la sienne ? Tais-toi, tais-toi, Charles ! Rétractez-vous, Jacques !

JACQUES, à Roland.

Oubliez-vous qu'il vous a refusé toute éducation, qu'il voulait vous avilir, qu'il vous accablait d'outrages ?...

ROLAND.

Ne le faites pas mourir. Je ne me souviens plus de tout cela. Je suis son frère !

LE DUC.

Mais s'il est innocent, vous ne l'êtes plus, et je vais vous replacer sous sa tutelle, afin qu'il châtie à son gré votre rébellion.

ROLAND, à genoux.

Faites de moi ce que vous voudrez, mais ne faites pas mourir mon frère !

LE DUC, à ses gens, montrant Olivier.

C'en est assez, qu'il soit libre ! Messire Olivier, nous n'avions pas dessein de vous ôter la vie. Nous voulions tenter une épreuve, et, à présent, nous savons lequel de vous est un cœur magnanime. Nous aurons l'œil sur vous, messire. Et maintenant, Jacques, allons nous préparer au départ.

JACQUES.

Moi, vous suivre dans la grandeur !... Non, vous êtes heureux, je reste ici pour toujours.

LE DUC.

Tu m'abandonnes ?

JACQUES.

Il le faut.

LE DUC.

Mon meilleur ami !

CÉLIA, bas au duc.

Il vous restera fidèle... Laissez-moi seule avec lui.

LE DUC.

Allez, messieurs!... Quant à Roland, il sera notre gendre, si ma fille l'agrée.

ROLAND.

Ah! Rosalinde!... Je ne mérite pas...

ROSALINDE.

Nous y penserons.

CÉLIA, à Roland.

Emmenez-la, je vous suis. (Jacques s'est assis à droite.)

SCÈNE XII.

GUILLAUME, AUDREY, TOUCHARD, CÉLIA, JACQUES.

CÉLIA.

Bonne Audrey, prends ces bijoux pour ta dot. (Elle lui donne ses bracelets.)

TOUCHARD.

Et le mari ?

CÉLIA.

Qui aime-t-elle ?

TOUCHARD, se désignant et s'avançant vers Audrey.

C'est... (Guillaume, à qui Audrey a pris le bras, le regarde d'un air menaçant.) C'est lui ! — à lui les événements ! (Il les suit dans la maison.)

SCÈNE XIII.

CÉLIA, JACQUES.

CÉLIA, à Jacques assis à droite.

Adieu, Jacques !

JACQUES, tressaillant.

Adieu, madame !

CÉLIA, s'éloignant et le regardant toujours.

Adieu !

JACQUES, sans la regarder.

Adieu ! (Il cache son visage dans ses mains.)

CÉLIA, s'arrêtant.

Vous allez donc rester là, tout seul ?

JACQUES.

Et que ferais-je ailleurs, je vous le demande ? Oui, cette cabane que vous quittez est à moi. Je m'y établirai seul, tout seul, pour le reste de ma vie, et je n'aimerai plus rien que les arbres qui vous ont vue passer sous leur ombre et l'herbe que vos pieds ont foulée.

CÉI

Mais, avant qu'il soit trois mois, les arbres perdront leur feuillage, et l'herbe ne conservera pas trois jours la trace de mes pas ?

JACQUES.

Allez-vous-en, c'est assez comme cela, je ne veux plus vous voir. (Célia vient doucement derrière lui et pose ses deux mains sur les épaules de Jacques. — Avec humeur et désespoir.) Que me voulez-vous ?

CÉLIA.

Allons, refaisons notre marché : Donnez-moi cette existence désespérée... et suivez-moi.

JACQUES.

Non, madame, je ne vous avais point vendu mon âme; elle était morte ! Mais elle s'est ranimée, elle vit, elle souffre !... Elle périrait, enchaînée à vos caprices; elle m'appartient, je la reprends, que vous importe ! (Il passe à gauche.)

CÉLIA.

Que ferai-je donc de la mienne, si vous m'abandonnez ?

JACQUES.

Que dites-vous ?

CÉLIA.

Je dis qu'une femme loyale ne saurait prendre sans donner, et qu'en voulant m'emparer de vous, je me suis livrée moi-même.

JACQUES.

Célia!... Non! vous raillez! Je ne suis plus jeune!...

CÉLIA.

Aimez-vous?

JACQUES.

Je suis pauvre, triste, mécontent de toutes choses...

CÉLIA.

Vous n'aimez donc pas?

JACQUES, transporté.

Ah! tenez! vous avez raison! Je suis jeune, je suis riche, je suis gai, je suis heureux. Oui, oui, le firmament s'embrase là-haut et la terre fleurit ici-bas! je respire avec l'amour une vie nouvelle, et mes yeux s'ouvrent à la vérité! Qui, moi, mélancolique? Non! je ne suis pas un impie! Le ciel est bon, les hommes sont doux, le monde est un jardin de délices et la femme est l'ange du pardon... (Il tombe à ses pieds.) si je ne rêve pas que vous m'aimez!

CÉLIA.

Il doute encore!... Jacques, par les roses du printemps, par la virginité des lis, par la jeunesse, par la foi, par l'honneur, je vous aime!... A présent, voulez-vous me quitter?

JACQUES.

Non, jamais! car je t'aime aussi! Oh! la plus belle parole que l'homme puisse dire : Je t'aime!...

CÉLIA.

Eh bien! puisque mon père n'est plus ni riche, ni puissant... puisque, grâce au ciel, je puis être à vous... suis-moi!

FIN

LIBRAIRIE NOUVELLE

15, BOULEVARD DES ITALIENS, 15

JACCOTTET, BOURDILLIAT ET Cⁱᵉ, ÉDITEURS

ŒUVRES COMPLÈTES

DE J.-B. POQUELIN

MOLIÈRE

NOUVELLE ÉDITION

PAR

M. PHILARÈTE CHASLES

PROFESSEUR AU COLLÉGE DE FRANCE.

« Chaque homme de plus qui sait lire est un lecteur de plus pour Molière. »

SAINTE-BEUVE.

Le plus populaire des écrivains français, le poëte dramatique du bon sens, celui qui représente avec une fidélité incontestable notre génie national, devait occuper la première place dans cette série d'auteurs classiques que notre librairie populaire s'est promis de publier. C'est surtout en France que le mot si juste et si profond de M. Sainte-Beuve possède toute sa force et doit recevoir sa plus complète application.

Le nombre des Français qui savent lire s'accroît chaque jour; pas un d'entre eux n'ignorera Molière.

Depuis le moment où deux religieuses charitables reçurent les derniers soupirs de l'auteur du *Misanthrope*, près de deux siècles se sont écoulés. Tout a changé autour de nous : mœurs, institutions, relations sociales; tout, jusqu'au langage et au style de la conversation.

Molière est donc à la fois un ancien et un moderne; c'est le plus intime de nos amis; c'est un vieux maître. Traductions, commentaires, éditions diverses, imitations, critiques, parodies, controverses forment autour de cette grande renommée une auréole glorieuse et un nuage qui s'épaissit. Attirés par une puissante sympathie vers cette intelligence souveraine et hardie, nous perdons de vue le sens de ses œuvres, nous sentons que les années qui s'écoulent creusent entre lui et nous un abîme sans cesse plus profond.

Qu'est-ce que Molière en effet?

Nous ne comprenons plus *Sganarelle; Georges Dandin* nous est étranger; *Scapin* et *Mascarille* effrayent nos habitudes et nos mœurs; les licences d'*Amphitryon* nous répugnent. Nos oreilles s'étonnent des antiques expressions employées par la bourgeoisie parisienne, et prodiguées par Molière.

Partout des allusions qui nous échappent.

Tantôt elles se rapportent à la vie du poëte, vie si douloureusement passionnée; tantôt à la cour et aux contemporains de Louis XIV. Cette époque brillante, qui précède la révocation de l'édit de Nantes et qui suit immédiatement le mariage espagnol, célébré dans l'île des Faisans, ne s'explique pas sans Molière, et Molière ne s'explique pas sans elle.

Une édition vraiment populaire de notre auteur comique devait résoudre tous ces problèmes. Il fallait isoler chacune des créations du grand homme, les replacer au milieu des circonstances mêmes qui en ont déterminé la naissance, au sein des éléments qui y ont concouru. Il était indispensable de suivre Molière à la piste, depuis ses tréteaux de la porte de Nesle, témoins des premiers essais de sa troupe juvénile, jusqu'au salon de Ninon de Lenclos, où fut tramée, parmi les éclats de rire de Chapelle et de ses amis, la grande cérémonie du *Malade imaginaire*.

D'où nous vient *Sganarelle?* quel est le berceau de *Jodelet?* Et ce pauvre *Amphitryon,* pourquoi fut-il joué sur la scène au moment même où M. de Montespan, un autre Amphitryon sacrifié par le Jupiter de l'époque, allait vivre dans ses domaines, par ordre de Jupiter? A quoi se rapportent et *la comtesse d'Escarbagnas*, et cet autre gentilhomme maltraité et immortel, *M. de Pourceaugnac?*

L'œuvre de Molière, nous le répétons, est un commentaire perpétuel des premières années de Louis XIV.

Un savant, que la sympathie populaire entoure, et dont l'enseignement captive la jeunesse, — M. Philarète Chasles, versé dans toutes les littératures de l'Europe moderne, et qui a fait des origines et du progrès de notre langue l'objet de l'étude la plus féconde, la plus approfondie, — M. Philarète Chasles a bien voulu se charger de surveiller et d'éclairer cette nouvelle édition de Molière, revue par lui d'après les meilleurs textes, et augmentée d'un commentaire absolument nouveau.

Non-seulement cette édition contient les résultats et l'essence des commentaires précédents, mais on y trouve pour la première fois la série continue et complète de la vie littéraire du grand homme. Tous les faits et toutes les idées qui ont successivement présidé à la création des *Précieuses ridicules*, du *Tartufe*, du *Misanthrope* et des *Femmes savantes* y servent de cadre à ces chefs-d'œuvre. Les expressions insolites, les tournures surannées y sont notées et expliquées avec un soin curieux. Enfin, tout en écartant les épines de la science, on n'a oublié aucun des fruits et des conquêtes qui feront de cette édition de Molière, élucidée plutôt que commentée, la véritable édition populaire et définitive.

———

LES ŒUVRES COMPLÈTES DE MOLIÈRE

FORMENT CINQ VOLUMES

DE LA BIBLIOTHÈQUE NOUVELLE

à 1 franc le volume

Grand in-16 de 400 pages, imprimé avec caractères neufs, sur beau papier satiné,

A. DE LAMARTINE

LECTURES
POUR TOUS

EXTRAITS
DES
ŒUVRES GÉNÉRALES DE LAMARTINE
CHOISIS, DESTINÉS ET PUBLIÉS
PAR LUI-MÊME
A L'USAGE DE TOUTES LES FAMILLES ET DE TOUS LES AGES

Un volume in-32 de 600 pages, orné d'un portrait de Lamartine.

Broché : 2 fr. 50 c. — Relié : 3 fr.

On apprend à lire à tous les enfants, puis, quand les enfants sont devenus des adolescents ou des hommes, on se dit : « Cachons-leur nos livres ! car nos livres ne sont pas sains pour eux ;

» Ceux-ci les troublent dans leur esprit ;

» Ceux-là les corrompent dans leurs mœurs ;

» Ceux-ci les rebutent par leur sécheresse ;

» Ceux-là les dégoûtent par leur médiocrité ;

» Ceux-ci leur inculquent des opinions avant l'âge du jugement ;

» Ceux-là les ennuient par leur monotonie ! »

Qu'arrive-t-il ? L'adolescent se livre furtivement aux mauvaises lectures, ou bien, faute de livres appropriés à son âge, à son intelligence, à son âme, il se décourage de lire, et il s'abrutit dans d'ignobles distractions.

Ce sont ces considérations qui ont engagé M. de Lamartine à faire, dans la mesure de ses forces, ce que d'autres écrivains feront sans doute à leur tour, c'est-à-dire à offrir aux familles de toutes les classes et de toutes les professions sociales des lectures saines, courtes, intéressantes, et irréprochables pour leurs foyers.

L'auteur n'a pas laissé dans ce livre une page à déchirer ou à voiler pour aucun âge, aucun sexe, aucune religion, aucune opinion. Quand le père ou la mère de famille l'auront lu, ils verront qu'on peut s'y fier comme à un ami sûr de toutes les maisons.

Paris. — IMP. DE LA LIBRAIRIE NOUVELLE. — A. Delcambre, 15, rue Breda.

www.ingramcontent.com/pod-product-compliance
Lightning Source LLC
Chambersburg PA
CBHW052129090426
42741CB00009B/2009